日本のピアニスト

その軌跡と現在地

本間ひろむ

光文社新書

まえがき

女優とピアニストは職業ではない。女優は生まれながらにして女優であり、ピアニストは生まれながらにしてピアニストなのである。

もちろん、それ相応のトレーニング＆プラクティス（お稽古や訓練）が必要なのは当然ですよ。ただ、お稽古や訓練さえすれば誰でも女優やピアニストになれるわけではない。ほとんどの場合、その夢は叶わない――。

たとえば、「1万時間の法則」というのがある。その分野のエキスパートになるためには1万時間の訓練等が必要だという、『ニューヨーカー』誌スタッフライター、マルコム・グラッドウェルが提唱した理論だ。

あくまで目安だが、ピアニストでいうと、ちょうど音大に入るために必要な時間がそれくらいである（もちろん個人差はある）。エキスパートどころかやっと音大に入ったところです。ピアニストになるためのスタートラインに立って、さぁここからが勝負だぞ〜、ですでに1万時間。

時間以外のコストも相当かかる。ピアノという楽器自体、高額である。ヤマハやカワイはリーズナブルな価格でピアノ教室を開いてはいるが、それなりのピアニストの個人レッスンともなるとやっぱり高額。学校の友達がわいわい遊んでるのを尻目に、鍵盤のイラストがプリントされたトートバッグ（のだめに出てくるやつ）にスコアを入れて、せっせとお稽古に通わなければいけない（ピアノのお稽古があるからと自分のお誕生日会を中座したピアニストが知り合いにいるし、うちの子バレーボールNGなんでよろしくと担任の先生にうそぶく母親もいるらしい）。

それでもピアニストになりたい、と願う若者はこの国にはたくさんいる。何なんだろう、ピアニストという響きが放つこの魔力は。その一方で、音大生なのに鬼火ひとつ満足に弾けない人が大勢いるのはどうしてだろう⁉

人は生まれいずる時、両手に何かを握っている。ナチュラルボーンな何かである。

私は右手にFenderのピック、左手にPARKERの万年筆を握って生まれて来た（ギターを弾くときは右利きで、字を書くときは左利きなのです、都合よく）。

かてぃん（角野《すみの》隼斗《はやと》）は右手に東大の赤本、左手にショパンのスコアを持って生まれて来たのだろう。多分。

Giftedといういい方をする人もいる。ただ、自分の両手に何が握られているのか、最初から自覚できる人は少ない。そのための1万時間でもある。

アイルランドの劇作家バーナード・ショーがこんなことをいってた。

「好きなものが手に入らなかったら、手に入ったものを好きになった方が良い――」

日本の偉大なるコメディアン萩本欽一もこんなことをいってた。

「好きなことと、向いてることは違うよ――」

2人とも残酷だ――。

けれど、どうしてもピアノが弾きたければ弾けばいい。

はいはい弾きますとも、と音大を出て一度は和菓子屋に就職したもののチャンスをつかんで東京パラリンピックの閉会式でピアノを弾いた人もいる。そうかと思えば、YouTube にストリートピアノを弾いた動画をあげて一躍人気者になった人もいる。医学部でしゃかりきになって勉強しながらショパン・コンクールに出た猛者もいる。

本書は、そんなふうにピアノを弾いてきた日本のピアニストの物語だ。

日本のピアニスト　その軌跡と現在地——目次

第1章　横浜、そして上野——日本人ピアニスト誕生と東京音楽学校

第2章　上野の森、あるいは調布——東京藝大と桐朋学園

序　章

鹿児島〜浜松——オルガンからピアノへ

ザビエルが持ち込んだクラヴィコード

この物語はフランシスコ・ザビエルから始まる。そう、戦国時代のさなか日本にやってきたイエズス会のフランシスコ・ザビエルである。

１５４９年（天文18年）、キリスト教の布教活動のため鹿児島にたどり着いたこのバスク人は、奇妙な楽器を持っていた。クラヴィコードと呼ばれる西洋の鍵盤楽器だ。オルガンのような横長のボディの鍵盤楽器（チェンバロが金属片で弦をはじいて音を出すのに対し、クラヴィコードは金属片で弦を叩いて音を出す）である。

何のために？

讃美歌を歌うためだ。神を讃える歌。その伴奏をするために。その音色を聴いた当時の日本人は、少し琴のような音がするが、それでも聞いたことのない不思議な音だったという。

１５８２年（天正10年）にキリシタン大名の大友宗麟《そうりん》がヨーロッパに送り込んだ天正遣欧少年使節が、いくつかの西洋楽器を持ち帰った。その中にはチェンバロやオルガンがあったという。豊臣秀吉の前で演奏されたという記録もある。

何のために楽器を持ち帰ったか？

讃美歌を歌うためだ。神を讃える歌を皆で歌うために。

１５８７年（天正15年）、秀吉がバテレン追放令を発した。

江戸時代に入るとわが国は鎖国政策をとる。西洋文明はひとまずシャットアウト。さらに徳川家康が禁教令（あるいはキリスト教禁止令：１６１２年と１６１３年）を発する。以来、開国するまでわが国ではキリスト教はご法度だったのだ。キリシタンは隠れキリシタンになる。

しかし、キリシタンたちは密かに持ち込まれたオルガンで讃美歌を歌った。人に隠れてでも讃美歌を歌いたい。聴きたい。讃美歌を歌うと高揚する。西洋の鍵盤楽器が日本に根付くトリガーとなったのは「宗教」だ。

ならば、現存する日本最古のピアノは何か。

オランダ領の東インド会社に勤めていたドイツ人医師のフィリップ・フランツ・フォン・シーボルトが、１８２３年（文政6年）に持ち込んだスクエア・ピアノである。そう、あのシーボルト事件（日本から持ち出すことを禁止されていた物品を集めていたカドで国外追放となった）のシーボルトだ。彼が降り立ったのは長崎・出島。

この長崎・出島を経由して、ハムやチーズ、ビリヤードなどさまざまな物が日本に持ち込まれていたのだ。１８５７年（安政四年）には薩摩藩主・島津斉彬《なりあきら》が銀板写真に収まっている。

1868年、明治時代が始まった。文明開化である。

牛鍋、洋服、街灯、シルクハット、人力車といった目新しいアイテムが続々と日本に入って来た。島津斉彬はルイ・ヴィトンのバッグを愛用していたという。

翌1869年（明治2年）には島津忠義が西郷隆盛にロンジンの懐中時計を贈っている。

横浜、神戸といった港町に外国人居留地ができた。東京・築地にも狭いエリアではあったが居留地があった。そうした居留地に住む外国人が海外で製造されたピアノやオルガンを日本に持ち込んだ。シーボルトのように。

そして、そんなふうに持ち込まれたピアノの音色にやられてしまった青年がいた。

山田耕筰である。

のちに『赤とんぼ』などの童謡で有名になる山田耕筰は、1886年（明治19年）、東京・本郷森川町で生まれた。キリスト教の伝道をしていた父親の影響で、幼少の頃から讃美歌を歌っていた。彼の家にはオルガンがあったのだ。

一家は、横須賀や東京・芝愛宕下を経て築地の啓蒙小学校構内の家へ引っ越した。近所の外国人居留地に三番館という大きな屋敷があった。その屋敷から讃美歌ではなく「数千の星を銀盤の上にころがしたような美しい音」がしたという。

「その音楽が聞こえ出すと、日が落ちていても家を走り出した。そして異人館の柵にもたれ、その音楽が消えてなくなるまで、茫然と聞き惚れていた」（『自伝 若き日の狂詩曲』山田耕筰）

彼は姉にあれはオルガンかと訊《き》いた。あれはピアノだと姉は教えてくれた。

「キリスト教的家庭。讃美歌。オルガン。それらも、私を音楽に結びつけてくれた。それに横須賀の軍楽隊。それもまたつよい刺戟となっていることはたしかだ。が、何といっても、三番館の言いようもない美しい演奏。あれだ！　あれが私を作曲家にしたのだ」

と回想した山田耕筰は、そののち東京音楽学校を経て、ドイツに留学。ベルリン王立芸術アカデミーの作曲科に学んだ。ピアノの美しい音色が彼をドイツの地にまでいざなったのだ。

オルガン修理から始まるヤマハの物語

少し話を戻そう。

明治時代に入ると、全国に学校ができた。西洋に追いつかんとばかりに音楽教育にも力を入れていた。音楽の授業の中心にあったのが唱歌である。唱歌を歌うには伴奏する楽器が必要だ。

ここで重要な人物が登場する。

のちに「楽壇の父」と呼ばれる、伊沢修二である。

伊沢は高遠藩（現在の長野県）で生まれ、貢進生（藩が費用を出す奨学生）となって大学南《だいがくなん》校《こう》に進学。法学、経済学、自然科学など幅広く学び、愛知師範学校の校長となった。そこで、研究目的でアメリカへ派遣される。１８７５年（明治８年）のことだ。ブリッジウォーター師範学校を経て、ハーヴァード大学に入って理学を学んだ。今でいうところのエリート留学生である。

ハーヴァードで理学を学んだ伊沢だが、彼の興味をひいたのは、たとえば船の中で日曜日ごとに展開する外国人による演奏風景、あるいはアメリカ国内での音楽教育現場の様子である。日本には音楽教育がなかった。是非、日本でもこれを導入したいと思った。

１８７８年（明治11年）、３年間のアメリカ留学から帰国した伊沢の発案で文部省内に「音楽取調《とりしらべ》掛《がかり》」（のちに「音楽取調所」に改称）が設けられた。西洋音楽および音楽教育に関する調査機関である。

伊沢はそこで学校内にピアノかオルガンを導入するように提唱した。

こうして、山田耕筰の家にオルガンがあったのとは別の文脈で、全国の学校にオルガンが導入された。唱歌を歌うためだ。つまりは、トリガーとなったのが「教育」である。伊沢はさらに１８８６年（明治19年）、音楽学校設立の建議を文部大臣に提出。翌１８８７年（明治20年）に東京音楽学校が設立されたが、それは別の章で詳しく触れる。

さて、ピアノではなくオルガンが重宝されたのは、その価格の安さゆえだ。とはいうものの、輸入品に頼っていた頃のオルガンとて高価なものだった。

浜松尋常小学校の初代校長・和田正弐も「唱歌の授業にはオルガンが必要である」と力説した。そして、ついに各方面（地元の有力者など）を説き伏せ横浜の輸入業者からアメリカのメーソン＆ハムリン社のリード・オルガンを四十五円で購入。当時、ピアノは最低でも千円はした。千円あれば家が数軒たったという時代である。四十五円の支出も相当な額の上、ランニングコスト、すなわち調律に年間二円～十円かかったという。

その大枚叩《はた》いて買ったオルガンだが、３ヶ月もたたないうちに不具合が生じた。数カ所の鍵盤から音が出なくなったのだ。これは困った。横浜の輸入業者に修理を頼むといくらかかるか分からないし、無駄に時間もかかる。浜松に専門の技術者がいるわけもない。途方に暮れているうちに（修理ができる技術者を探しているうちに）、地元の有力者である樋口林治郎がひとりの職人を推してきた。山葉寅楠《とらくす》その人である。

山葉寅楠は江戸時代の１８５１年（嘉永4年）、紀州藩に生まれた。長州征伐を命じられた紀州藩主・徳川茂承《もちつぐ》は、鳥羽・伏見の戦いで敗れ、幕府を見捨てて朝廷側についた。敵方の圧倒的な兵器を目の当たりにし観念したのだ。血気盛んな10代の若者だった寅楠（小野派一刀流の剣の達人だった）はそのことが許せなかった。そして幕府側に加勢した。寅楠は父親から勘当された。母親の実家で蟄居の身となったが、そこで三味線や長唄を嗜《たしな》んだという。

明治時代に入り、寅楠は大阪に出た。時計商の元で修理を学び、長崎で時計を作るイギリス人に弟子入りして技術と貿易商のノウハウを学んだ。大阪に戻った寅楠は時計商として小さな店を構える一方、医療機器などの修理も手がけていた（母親の実家が医者だったのだ）。寅楠の父・山葉孝之助は紀州藩の天文係。今でいうところの理系のエンジニアだった。寅楠は父からエンジニアとしての天賦を受け継いだのだ。

とはいうものの、士族の商法がうまくいったためしはない。資金繰りに困り、渡り職人（今風にいうとフリーの修理屋さん）としてあちこち歩き回っていた。

東京から大阪に向かう途中の浜松で、医療機器の修理を頼まれた。浜松病院の福島豊策院長と意気投合し、浜松に腰を据えていたところにオルガンの修理の依頼が舞い込んだのだ。

故障の原因はすぐに分かった。リード部分にゴミが溜まりスプリング部分が故障してキーが動かなくなっていたのだ。寅楠は修理をしながら、この高価な西洋の楽器の構造が思いのほかシンプルなことに気づいた。

この楽器を図面に起こしてそっくり同じものを作れば商売になる――。

この発想がのちの世界の「ＹＡＭＡＨＡ」につながる一歩になったのだから面白い。

飾り職人・河合喜三郎（のちのカワイ楽器とは無関係）の協力を仰ぎつつオルガン作りをスタートした寅楠は、試行錯誤の末第１号の試作品を完成させた。オルガンの体《てい》は成しているが楽器としてのクオリティはお粗末なものだった。浜松尋常小学校、静岡師範学校などで試作品を見てもらうものの、どこが悪いのか分からない。静岡県令（今でいう知事）関口隆吉《たかよし》の元に持ち込むと、自分にはよく分からぬからと東京音楽学校の伊沢修二校長へ紹介状を書いてくれた。あの「楽壇の父」伊沢修二である。伊沢こそ「学校内にピアノかオルガンを導入するように」政府に提唱した張本人である。

かたちはオルガンだが音程がバラバラな試作品を見た伊沢は、ともかく寅楠の熱意だけは買った。そして、もっと音楽を勉強できるようにと東京音楽学校の聴講生として寅楠を迎えた。寅楠は１ヶ月間東京に残り、音楽的知識と調律についての基礎を学んで浜松へ帰った。

すぐに寅楠はできる限りのリカバリーを行い、オルガンを完成させて再び上京した。伊沢は合格点をくれた。そして、銀座で広く教材や楽器を取り扱う共益商社の社長・白井練一を紹介される。伊沢と親しい白井は関東の学校関係者に顔が利いた。その白井が、今度は関西で影響力を持つ三木佐助書店の社長を紹介してくれた。

こうして、自作の国産オルガンの販路を獲得した寅楠は、１８８９年（明治22年）、国産オルガンの量産体制に入るべく浜松に「山葉風琴製造所」を立ち上げた。

ライバル西川虎吉登場

実はこの数年前の１８８４年（明治17年）、寅楠のライバルとなる男が国産の部品を使ったオルガン製造に成功していた。横浜の邦楽器製作者・西川虎吉（１８４９年、君津生まれ）である。

当時の横浜には、クレン商会、カイル商会（のちのドーリング商会）、ロビンソン・モートリー商会など、居留地の外国人相手にピアノやオルガンの販売、修理、調律を引き受ける店が軒を並べていた。西川虎吉はカイル商会でピアノの修理や調律の技術を学んだのだ。ピアノ技術者でもあるドーリングは楽器の製作をもスタートさせていて、師にならって虎吉もオルガン製作を始めていたのだ。

１８８０年（明治13年）、虎吉は「西川風琴製造所」（のちの西川楽器製造所、以下西川楽器）を立ち上げた。

１８８７年（明治20年）、虎吉はオルガン製作のために横浜・日之出町に西川楽器の工場を建設した。虎吉は銀座の出版社・博聞にオルガンを卸した。博聞の本社から日本全国の支社を通してオルガンを販売していたのだ。

しかし、西川楽器は共益商社や三木佐助書店とは取り引きがなかった。ここに山葉のオルガンが入り込む形になった。西川虎吉は販売元を博聞から銀座の楽器店・十字屋に移した。経営者がキリスト教伝道に力を入れていた十字屋は、全国の教会関係者に顔が利いた。

こうして、山葉風琴製造所は学校関係、西川楽器はキリスト教会関係を中心にオルガンの販路を伸ばしていったのだ。

１８８９年（明治22年）、山葉風琴製造所は浜松駅前の八幡地に工場を作り、翌１８９０年（明治23年）には板屋町に工場を移した。地元の有力者の協力も取り付け、事業を拡大していたのである。そして、西川虎吉がピアノ製作を模索しているらしいという噂を耳にした山葉寅楠は、自社でもさっそくピアノ製作に着手した。

同じ１８９０年（明治23年）、東京の上野公園で第３回「内国勧業博覧会」が開かれた。

山葉と西川はピアノとオルガンを出品した。この２種類の鍵盤楽器を出品したのはこの２社だけである。果たして、山葉のオルガンと西川のピアノが「有功二等賞」、山葉のピアノと西川のオルガンは「有功三等賞」という結果だった。ちなみに、両者のピアノとも輸入部品を使っていたため国産ピアノ第１号ではない。

この「内国勧業博覧会」で最高位（有功二等賞）を得た勢いで、山葉寅楠は国産オルガンを売りまくった。博覧会入賞をうまく広告に使い（音楽雑誌や新聞に広告を出した）売り上げを伸ばした。こうした勢いのある会社にはさまざまなやっかみがあるものだ。経済的支援者の裏切りなどビジネス上のトラブルもあり、そんな諸事情から会社の名称を山葉風琴製造所から山葉楽器製造所、そして日本楽器製造株式会社（以下、日本楽器）に改めた。

そんな折、文部省の伊沢修二（楽壇の父ですね）から山葉寅楠に書簡が届く。彼を文部省の「斯業技術視察者」に任じるからアメリカへ行って来い、と。

１８９９年（明治32年）、山葉寅楠は単身でアメリカに乗り込み、約５ヶ月にわたってピアノ製造工場、ピアノ部品・材料の製造工場、楽器メーカー（スタインウェイ&サンズ社も含む）を見学した。見学するだけではなく、必要だと思われる部品や工作機械・工具類も大量に買い込んだ。

訪れた楽器メーカー41カ所、部品・機械メーカーを加えると１００カ所になる。山葉寅楠、48歳。底知れぬバイタリティである。

山葉寅楠はアメリカで見たピアノ工場の生産フローが高級家具のそれと似通っている点に注目し、日本楽器ではピアノ、オルガンに加えて高級家具の製造も視野に入れた。

帰国後、寅楠は社長業に集中するため、オルガン・ピアノ部門は若い世代に任せることにした。オルガン組立部長に26歳の松山大三郎、ピアノ部長には19歳の山葉直吉（寅楠の姪の養子）、そして技術開発は14歳の河合小市《こいち》に任された。

この河合小市こそ、のちの河合楽器の創業者になる男である。

天才・河合小市の発想

河合小市は１８８６年（明治19年）浜松宿の入口にあたる菅原という土地で何代も続く車大工の家に生まれた。父親・谷吉は「作った車はめっぽう出来がいいが気が向かないと仕事はしない」という天才肌の職人。昼間から酒を飲むこともあったが、凧《たこ》の糸車を考案するなど発明の才能に恵まれていた。そんな谷吉が31歳で急逝した。残された一人息子が小市である。

小市は幼いながら父親譲りの発明の才能があった。四輪の客馬車を見て興味を持った彼は、見様見真似で小型の馬車を作り、それを犬に引かせて近所を走り回った。手先が器用で、何事も熱中すると寝食を忘れるタイプの少年だった。

そんな小市の噂を耳にした浜松の有力者である樋口林治郎（浜松尋常小学校のオルガン修理に山葉寅楠を推薦した人物だ）は、今度は小市を寅楠に引き合わせた。

こうして、河合小市は11歳で山葉寅楠の弟子になった。寅楠は小市を身近に置いた。そして、何か新しいアイデアがある時は真っ先に小市に伝えた。すると、小市は思いもよらぬ発想でそれに応えた。特にピアノのアクション（打弦のメカニズム）を独自で開発した。オルガンやピアノのみならず、ハーモニカなどについての特許、実用新案も生み出す天才だった。

１９００年（明治33年）、ついに日本楽器はアップライトピアノを完成させた。国産ピアノ第１号「カメン・モデル」である。主だった部品（鍵盤やアクションなど）は寅楠がアメリカで買い付けた物だったが、響板（楽音を響かせる重要なパーツ）が国産だったため国産ピアノ第1号となった。

同じ年、西川虎吉も、息子・安蔵をアメリカのエステー社に送り込み、ピアノ技術を学ばせている。

さらには同じ年、西川虎吉に破門された松本新吉という腕のいい職人もピアノ作りを学ぶために渡米し、半年ほど滞在した。短期間ながら実際にピアノメーカーのブラドベリー社の工場で働いて生の技術を身につけたのだ。

松本は帰国後、「松本楽器合資会社」（以下、松本楽器）の会社と店舗を銀座に立ち上げ、本格的にピアノ製作をスタートさせた。

3つのメーカーがピアノ作りに参戦

20世紀初頭の日本では、山葉、西川、松本という3社がピアノ作りで競っていたのだ。ともにアメリカ帰りの社員が先頭に立って、だ。彼らは本場で製造フローを観察し、ノウハウを盗み、ついでに必要な部品を持ち帰った強者たちである。

とりわけ日本楽器は好調だった。

１９０３年（明治36年）には、第5回「内国勧業博覧会」で日本楽器のピアノが行幸していた天皇・皇后両陛下の目に留まり、購入された。さらに翌１９０４年（明治37年）の「アラスカユーコン太平洋博覧会」、１９１０年（明治43年）の「日英大博覧会」で連続受賞した。寅楠は、こうした実績を謳《うた》った広告を広く展開し、ピアノの売り上げを伸ばした。

１９０５年（明治38年）には、発明特許制度に実用新案の登録がスタート。日本楽器の「発明王」河合小市はピアノ本体のみならず、特殊な機械や工具を開発。海外のめぼしい楽器を取り寄せては研究し、時に模倣し、新たな改良を加えてクオリティの高い楽器を生み出していた。

そんな中、山葉寅楠が手がけていた楽器製造以外の事業が業績悪化の憂き目にあう。１９１２年（明治45年）、寅楠は社長を退任する（寅楠は浜松市会議員を経て１９１６年に死去）。彼に代わり、内務省出身の天野千代丸が社長に就任した。

それでも第一次世界大戦（１９１４年）が勃発し、楽器大国ドイツが軍需産業に傾くと、日本楽器はオルガンやハーモニカを輸出し事業を拡大させた。

１９１８年（大正7年）、ドイツが敗れ、第一次大戦が終わった。ドイツ政府は相当な額の賠償金の支払い義務が生じた上、ドイツマルクも暴落した。売れる物は何でも売りたい。

そのせいで、ドイツ製の高級ピアノが手頃な価格で輸入できるようになった。

そして、スタインウェイ＆サンズ（以下、スタインウェイ）は大阪の三木楽器が、ベーゼンドルファーとブリュートナーは外国ピアノ輸入商会が、メーソン＆ハムリンは三菱商事がそれぞれ契約を勝ち取った。

１９２１年（大正10年）には、河合小市を筆頭にした４名の視察団がアメリカ、イギリス、ドイツ、イタリアを回った。日本楽器も外国製ピアノの輸入に触手をのばしたのだ。そして、彼らはベヒシュタインと提携することにした。とりわけ河合小市はこの老舗ピアノメーカーの製造フローや工作機械をじっくりと観察。目についた工作機械はどんどん買って帰った。

そして日本楽器が残った

日本楽器に追いつき追い越せとばかりに西川楽器、松本楽器も扱う楽器をふやし事業を拡《ひろ》げていったが、西川楽器は２代目社長に就いていたアメリカ帰りの西川安蔵が、流行性感冒で急逝。１９１９年（大正８年）、安蔵39歳の若さである。経営から退いていた創業者・西川虎吉もほどなく死去。西川楽器は日本楽器に吸収合併されてしまう。

松本楽器も創業者自身のアメリカ修業を看板に、「舶来を凌《しの》ぐ日本唯一松本ピアノ」というキャッチコピーでアップライトピアノの売り上げを伸ばしていたが、やがて経営難に陥り同社代表社員だった山野政太郎らに経営権を譲渡。松本楽器合資会社を解散した。ちなみに松本楽器の銀座の店舗は、山野政太郎によって「山野楽器店」として生まれ変わることになる。

松本新吉は１９２３年（大正12年）、新たに松本楽器製造株式会社を設立するが、半年後の関東大震災で工場を焼失してしまった。それから「Ｓ松本」と「Ｈ松本」という2つのブランドに分裂した。

日本楽器も、同様に関東大震災で東京支店が全焼、旧・西川楽器の横浜工場も一部だが倒壊した。が、浜松にある日本楽器の本社は当然のことながら無傷だった。

そんな中、１９２６年（大正15年）、日本楽器の天野千代丸社長はベヒシュタイン社から監督技師であるエール・シュレーゲルを招いた。シュレーゲルは本場のノウハウを日本楽器に持ち込み、現場と摩擦を起こした。それまでは製品に対する合格基準を作る側に置いていたが、シュレーゲルは、演奏する側の視点を持ち込んだ。鍵盤を叩きながらアクション全体を調整していく。素晴らしい音楽を作るための楽器としてピアノを捉えていたのだ。

こうしたシュレーゲルのやり方に、それまで培ってきた日本式のピアノ製造がことごとく否定されたように感じた工場長の山葉直吉は、意を決して天野社長の拡張路線に異を唱えた。

折しも、第一次大戦が終わりドイツ製品が復活をみた。そのせいで売り上げを伸ばしていた日本楽器のハーモニカが売れなくなった。震災等による日本経済の慢性的な不況もあり、天野社長は従業員を大量解雇する決断を下した。こうした社長の経営方針に従業員たちが反発したのだ。山葉直吉は彼らとともに地元の労働組合を巻き込んで、100日以上に及ぶストライキに発展させた。「労働組合加入の承認」と「労働条件の改善」を求めてのことだ。

労使交渉は労働組合側の敗北で終わったが、結局、天野社長は退任、組合側に立った山葉直吉も会社を去った。この騒動に巻き込まれるかたちで、河合小市も退職した。

1927年（昭和2年）、日本楽器の社長として住友財閥の新規事業である住友電線の取締役だった、地元浜松出身の川上嘉市《かいち》に白羽の矢が立った。この多額の借金を抱えるゴタゴタのあった会社を、彼は引き受ける決断をした。旧制一高から東京帝国大学工学部に進んだ彼は、首席で卒業後、東京瓦斯《ガス》に入社したエリート。火中の栗を拾うような行為だとまわりの反対にあったという。

ともかく、日本楽器は住友財閥の資本をバックにして生まれ変わった。これが、川上嘉市社長、そして次期社長の川上源一によって世界的なピアノメーカーに発展していく転機になったといっていい。

日本楽器を退職した河合小市も同年、浜松市寺島町に「河合楽器研究所」（のちの河合楽器製作所：以下、カワイ）を立ち上げた。彼の元には彼を慕って多くの愛弟子が馳せ参じたという。

彼は「昭和型」という64鍵のリーズナブルなアップライトピアノを作って売り上げを伸ばした。河合小市の発明は、特許18件、実用新案10件にもなる。

カワイもまた、ヤマハとともに世界的なピアノメーカーに発展していくのだ。

このあたりのエピソードは別の章で語ることにする。

さて、いよいよピアニストの話をすることにしよう。

第1章

横浜、そして上野——日本人ピアニスト誕生と東京音楽学校

日本のクラシック音楽界は幸田延から始まった

ピアニストの話を始めよう。

さて、どこから始めようか。彼らから始めることにしよう。

時代は少し戻って、１８７１年（明治４年）――。

横浜港から64名の団体が蒸気船に乗ろうとしていた。行き先はサンフランシスコ。岩倉具視を特命全権大使とするいわゆる岩倉使節団である。スタッフ含め総勢１０７名。副士官として木戸孝允、大久保利通、伊藤博文といった政府首脳や留学生で占められていたが、その中には、５人の少女（留学生）もいた。うち２人は早々と帰国したが、山川捨松《すてまつ》（１８６０年、会津生まれ）、永井繁子（１８６１年、東京生まれ）、津田梅子（１８６４年、東京生まれ）の３人は約10年アメリカにとどまり、本格的なピアノの教育を受けた。そして、１８８１年（明治14年）から翌年にかけて帰国の途につく。

１８８３年（明治16年）、奇しくも文明開化を象徴する施設が東京に建てられた。

鹿鳴館である――。

外国人接待目的で麹町内幸区に建てられた西洋風煉瓦造りのこの館では、２階の舞踏室で毎晩のように夜会が開かれていた。まだまだ西洋楽器がめずらしかった明治初期に、ここだけはピアノの音や小規模ながらオーケストラの響きを聴くことができたのだ。

流暢な英語を操り、ピアノの演奏もでき、西洋風のマナーも身につけたアメリカ帰りの山川捨松、津田梅子、永井繁子の３人は鹿鳴館の人気者、アイコンになった。時代の最先端をゆく憧れの的だったわけだ。

そんな３人だが、それぞれが違う道を歩み始める。

山川捨松は、のちに陸軍元帥となる大山巖《いわお》と結婚した。今でいうセレブ婚といったところか。

津田梅子は生涯独身を通すが、女子教育の重要さを説き、女子英学塾（のちの津田塾大学）を創設した。彼女こそ、新五千円札に描かれる女性である。そう、新しい時代の職業婦人像として注目を浴びたその人だ。

永井繁子はヴァッサー大学で３年間音楽を学んだ本格派である。帰国後、日本人としては初のピアノ独奏会を開き、のちに海軍大将となる瓜生《うりゅう》外吉《そときち》と結婚するが、音楽取調掛（１８８７年に東京音楽学校になる）の助教となってピアノ演奏や唱歌の楽曲分析を行った。ちなみに繁子の実兄・益田孝は三井物産の社長になった人物である。

この繁子に師事したのが、幸田延《のぶ》（１８７０年、東京生まれ）である。この有名な作家（幸田露伴）の妹は、東京女子高等師範学校附属小学校の頃から音楽取調掛の外国人教師だったルーサー・ホワイティング・メーソン（１８１８年、アメリカ・メイン州生まれ）に才能を見込まれ、個人レッスンを受けていた。12歳で音楽取調掛に進み、繁子に師事。そして、１８８９年（明治22年）、日本人初の音楽留学生としてボストンのニューイングランド音楽院でヴァイオリンとピアノを学んだ。１年後には欧州に飛び、ウィーン楽友協会音楽院で５年間学んだ。ここではヴァイオリンやピアノのほか、和声から作曲法、対位法、声楽まで幅広く学んだ。おそらくは日本人ではじめてのオールラウンドな音楽家・教育者だ。

「では最初のピアニストは誰だろう、と、『文明開化』の疾風怒濤の中を遡ってみると、幸田延という女性の姿が浮かび上ってくる。ただ単に最初のピアニストというだけでは充分ではない。彼女はまた日本最初のヴァイオリニストでもあり、最初の作曲家でもあったが、それよりも何よりもそこには、巨大な西欧文明、そしてその精華である西洋クラシック音楽という未知の世界にまっさきに踏み込んでいった探検家の趣き、とでもいったものがあるのだ」

中村紘子（１９４４年、山梨生まれ）が著書『ピアニストという蛮族がいる』の中でそう語る。日本のクラシック音楽界は幸田延から始まったといっていい。

久野久の悲劇

日清戦争勝利に沸く１８９５年（明治28年）、ウィーンから帰国した幸田延は、東京音楽学校の助教授に就任した。国民に漂う高揚感の中、西洋文明を象徴するスーパーウーマンとしてもてはやされたのである。

翌１８９６年（明治29年）に開かれた「帰朝記念演奏会」で幸田延は、メンデルスゾーン《ヴァイオリン協奏曲》の第１楽章を独奏し、シューベルトとブラームスの歌曲を独唱。それからハイドンの弦楽四重奏曲でヴァイオリンを弾き、クラリネットのピアノ伴奏をした。東京音楽学校では、ピアノ、ヴァイオリン、作曲、和声学、声楽の各分野を担当した。

その一方で、彼女が纏《まと》った西洋仕込みの身のこなし、いわゆる「レディファーストの文化」が、「男尊女卑の空気」色濃く残る明治の日本で「生意気だ」「尊大だ」と攻撃の的になったという事実もある。平成から令和になった昨今、何かと生きづらさを嘆く風潮があるが、明治の時代も新しいことを始めようとする人には生きづらい空気が漂っていたのだ。

１８９９年（明治32年）に東京音楽学校の教授になった彼女は、それ以降、文字通り「楽壇の母」として多くの音楽家を育てた。作曲家の瀧廉太郎（１８７９年、東京生まれ）や山田耕筰、声楽家の三浦環《たまき》（１８８４年、東京生まれ）といった日本の音楽界の黎明期を担う人材である。

そんな教え子たちのひとりに、数奇な運命をたどる女性ピアニストがいた。

久《く》野《の》久《ひさ》（１８８６年、滋賀生まれ）である。

幼少期は邦楽を学んでいた久野久は15歳で東京音楽学校に入学。幸田延にピアノを学ぶ。入学当初は退学を勧告されるほどの成績だったが、猛練習により数年後には将来を嘱望されるほど腕を上げ、本科を卒業したのち研究科（今でいう大学院）に進んだ。研究科を終えたのちは幸田延の後任として東京音楽学校の助教授にまでなった。

注目すべきはその演奏スタイルである――。

髪の毛を振り乱し、何かに取り憑かれたように演奏に熱中する。ある演奏会では、演奏の途中で指から血が出たのも何のその、鍵盤を真っ赤に染めながらも弾き続けたという（これを中村紘子は「ピアノをぶっ叩く」奏法と表現した）。

久野久は滋賀の裕福な質屋の家に生まれた。が、幼少期に神社の石段から転落し、足に重い障害を負った。そして、尋常小学校に上がろうかという時、今度は両親が亡くなってしまう。京都の叔父の元に引き取られた久は、将来ひとりで生きていけるように何か芸事を身につけさせてやりたいという彼らの温情から、生田流の琴、長唄、三味線を習い、めきめきと上達した。何ものかに熱中するというスタイルは、この時分から身についたものらしい。

東京音楽学校の助教授として順風満帆に見えた久だったが、ある夜、車にはねられ、そのまま赤坂溜池近くの路上に一晩中放置されるという痛ましい交通事故に遭った。一命は取り留めたものの肋骨数本を折るという重傷。１９１４年（大正３年）のことである。

翌１９１５年（大正４年）には何とか交通事故から生還。１９１７年（大正６年）、東京音楽学校の教授に就任する。

そして、翌１９１８年（大正７年）、「ベートーヴェンの午后」と名付けられた復活演奏会を奏楽堂で開催した。その名の通りオール・ベートーヴェンで組まれたこのプログラムは、大成功をおさめた。こうして彼女は「ベートーヴェンの大家」といわれるようになるのである。

大正浪漫の空気漂う時勢と相まって、クラシック音楽においてベートーヴェンこそヨーロッパ文化の頂点に位置する芸術なのだ、と誰もが思っていた。令和の時代になった今でも「クラシック音楽の頂点はベートーヴェンである」という空気は残っているが、この時期、とりわけインテリと呼ばれている層のベートーヴェン礼賛は大変なものがあったのだ。

そんな空気の中で久野久はもてはやされた。西洋かぶれの幸田延とは違って、久野はベートーヴェンの崇高な精神を体現しているのだ、と。

久野久はヨーロッパで演奏することを夢見た――。

私のベートーヴェンでウィーンを征服してくる、と。

１９２３年（大正12年）、２度目の「ベートーヴェンの午后」を成功裡に終えた久野久は、これを渡欧記念演奏会として、ついにヨーロッパの地に赴いた。

文部省の海外研究員としてベルリンに降り立った久野久は、師である幸田延とはまったく逆の立ち位置に置かれていた。洋装ではなく和服で通し、音をたててスープを啜《すす》る。幸田延とは違い、西洋風のマナーがまったく身についていなかったのだ。肉を中心とした食事も口に合わない。ご飯と漬物ばかり食べるようになった。大使館の職員にとってはやれやれな存在だったらしい。

それでも、イグナーツ・フリードマン（１８８２年、ポーランド生まれ）、ヴィルヘルム・ケンプ（１８９５年、ブランデンブルク生まれ）、エドウィン・フィッシャー（１８８６年、バーゼル生まれ）、アルトゥール・シュナーベル（１８８２年、ポーランド生まれ）など著名なピアニストの演奏会に行き、彼らが弾いた曲のスコアを研究した。とりわけワルター・ギーゼキング（１８９５年、リヨン生まれ）の演奏会には幾度となく通った。彼の演奏を見て、自身のペダルの使い方がまったく理にかなっていなかったことを自覚する。

そんな中、リストの高弟のひとりエミール・フォン・ザウアー（１８６２年、ハンブルク生まれ）のレッスンを受けるチャンスをつかんだ。そこで彼女は、それまでの演奏法をことごとく否定されたのだ。たった一度だけのレッスンで。

ほどなく、彼女はオーストリアのバーデンのホテルの屋上から身を投じ、生きて帰国することはなかった。１９２５年（大正14年）。久野久、享年38。

これまで、この一件は日本のピアニストがまったく通用しなかった末の「悲劇」と捉えられてきた。その一方で、久野のスコアに忠実に弾く演奏法は、「新即物主義」（ノイエ・ザッハリヒカイト）を先取りしていたのだという説を唱える学者もいるのが興味深い。

いずれにしろ、世界的に活躍する純国産ピアニスト（海外留学の経験を持たない）は、小山《こやま》実稚恵（１９５９年、仙台生まれ）の登場を待たなければいけない。

国際的なピアニストになるためには、「海外留学は必要なのか」「ピアノのレッスンを幼少期からスタートさせなければいけないのか」といったテーマも浮かび上がってくるが、本書ではおいおい語っていきたい。

レオ・シロタがやって来た

久野久の悲劇から数年後、日本のピアノ界に影響を及ぼすことになるピアニストが来日する。

レオ・シロタ（１８８５年、キーウ生まれ）である。

シロタはサンクトペテルブルク音楽院を経てウィーンでフェルッチョ・ブゾーニ（１８６６年、エンポリ生まれ）に師事したヨーロッパで名の知れたピアニストだった。一方で、ユダヤ系ウクライナ人という出自がヨーロッパでの演奏活動に影を落としていたのだ。満州政府に請われてハルビンで演奏会を行い、そこで彼の演奏を聴いた山田耕筰が楽屋を訪ね、是非日本公演を行うように説得したというエピソードも残っているが、日本行きを決意した背景にはユダヤ系であるという事情も色濃くある。

１９２８年（昭和３年）に来日して演奏会を行い、翌１９２９年（昭和４年）、家族を連れて東京に移り住み、東京・赤坂檜町に居を構えた。近所には山田耕筰、洋画家の梅原龍三郎（１８８８年、京都生まれ）、日本人ではじめてミラノ・スカラ座の舞台に立ったソプラノ歌手・原信子（１８９３年、八戸生まれ）が住んでいた。

レオ・シロタの洋館には、山田耕筰や梅原龍三郎のほか、指揮者の近衛秀麿《ひでまろ》（１８９８年、東京生まれ）、ロシア人画家ワルワーラ・ブブノワ（１８８６年、サンクトペテルブルク生まれ）、そして彼女の妹でヴァイオリニストの小野アンナ（１８９０年、サンクトペテルブルク生まれ）らが訪れた。さながら若きボヘミアン集いし19世紀のパリのようだ。こういう場所からは何か新しいもの、面白いものが生まれそうな気がするでしょ。

もちろん、日本人の若き音楽家の卵もいて、彼のレッスンを受けていた。

園田高弘（１９２８年、東京生まれ）や藤田晴子（１９１８年、東京生まれ）である。

園田高弘はフランスでロベール・カサドシュ（１８９９年、パリ生まれ）に師事したピアニスト・園田清秀を父に持つサラブレッドだ。ピアニストの父親は急逝したが、高弘は少年時代からシロタの元で研鑽を積み、東京音楽学校ではシロタ門下の豊増《とよます》昇（１９１２年、佐賀生まれ）に師事。東京音楽学校卒業後は、パリ（マルグリット・ロンに師事）とベルリンに留学し、研鑽を積んだ。１９５４年（昭和29年）には単身来日したヘルベルト・フォン・カラヤン（１９０８年、ザルツブルク生まれ）の指揮で、ＮＨＫ交響楽団と共演。ベートーヴェンの《ピアノ協奏曲第４番》を弾いた。その一方で、現代音楽を積極的に紹介するなど広いレパートリーを誇った。

藤田晴子は弁護士だった父に連れられ５歳の時に渡独。ライプツィヒで６年間過ごした。10歳で日本に戻り、東京府立第一高等女学校在学中にシロタの弟子になった。高等女学校在学中の１９３６年（昭和11年）にＮＨＫ毎日音楽コンクール（以下、日本音楽コンクール）で２位に入り、翌１９３７年（昭和12年）に１位を獲得している。ちなみに、この年から４年連続で日本音楽コンクール１位がレオ・シロタ門下生（藤田晴子、田中園子、松隈《まつくま》陽子、黒田睦子の４人）で占められたというのも興味深い。

藤田晴子はヴァイオリンの鈴木鎮一（１８９８年、名古屋生まれ）とチェロの鈴木二三雄の３人で鈴木トリオを結成して室内楽を中心に音楽活動をしていたが、父親の急死を機に東京帝国大学法学部に入学（１９４６年）。在学中はＮＨＫの公開演奏会などで演奏をしていたが、卒業後は国会図書館主事になり、調査立法考査局の主幹にまで上りつめた。『藤田晴子　音楽評論選　ピアノとピアノ音楽』などの著書もある。東大卒のピアニストはかてぃん（角野隼斗）が最初ではないし、文筆業で評価されたピアニストも中村紘子や青柳いづみこ（１９５０年、阿佐ヶ谷生まれ）だけではない。そんなことはとっくに藤田晴子が成し遂げているのだ。しかも戦前生まれで。

さて、レオ・シロタも山田耕筰の勧めもあって１９３１年（昭和６年）から東京音楽学校の教壇に立ち始めた。上野では、永井進（１９１１年、東京生まれ）、水谷達夫（１９１１年、名古屋生まれ）、豊増昇、園田高弘、といった弟子が彼に学んだ。同時に個人レッスンも続けていて、そちらでも多くの弟子がいた。

このように、シロタ門下からは戦後の楽壇を背負って立つピアニストを多く輩出したが、うち何人か（永井進、豊増昇）は東京音楽学校に残って教授となり後進にピアノを教えた。ここからも多くの優秀なピアニストが育っていく。ともかく、こうして連綿とメソッドを受け継いでいくのがピアニストの世界だ。

日本楽器（以下、ヤマハ）がベヒシュタイン社から監督技師であるエール・シュレーゲルを招いたことは序章で触れたが、彼はピアニストとの対話によってピアノを完成させていくという手法を取っていて、日本にいるシロタもさっそく工場に呼んだ。これが縁で、シロタは日本の演奏会ではヤマハのピアノを弾いた。日本人ピアニストを多く育てるのみならず、日本のピアノメーカーにも貢献した彼の功績は大きい。

多彩な外国人教師たちと東京音楽学校

東京音楽学校には、音楽取調掛時代のルーサー・ホワイティング・メーソンから始まる多くの外国人教師がいた。中には指揮者・作曲家のクラウス・プリングスハイム（１８８３年、ドイツ生まれ）やマンフレート・グルリット（１８９０年、ベルリン生まれ）といったユダヤ系の音楽家が「ユダヤ人排斥の空気高まる」ヨーロッパを避けて来日し、レオ・シロタのように上野の教壇に立っていた。

彼らと同じく東京音楽学校で教えていたユダヤ系の音楽家に、レオニード・クロイツァー（１８８４年、サンクトペテルブルク生まれ）がいる。彼の門下からも、高折宮次《たかおりみやじ》（１８９３年、岐阜生まれ）、井口秋子（１９０５年、呉生まれ）、田中希代子（１９３２年、東京生まれ）、フジコ・ヘミング（１９３２年、ベルリン生まれ）といった日本の楽壇に欠かせない重要なピアニストを輩出した。

レオニード・クロイツァーは、サンクトペテルブルク音楽院でピアノと作曲を学んだ後、ライプツィヒでアルトゥール・ニキシュ（１８５５年、ハンガリー生まれ）から指揮を学んだ。指揮者・ピアニストとして活動し、ベルリン音楽大学の教授として後進の指導にもあたっていた。１９３１年（昭和6年）に初来日し、１９３３年（昭和8年）に再来日した際、指揮者の近衛秀麿の勧めもあってそのまま日本に定住。１９３７年（昭和12年）に東京音楽学校の教授に就任した。

そんな目黒（のちに茅ヶ崎に移る）のクロイツァーの家を母親に連れられて訪ねたのは、小学5年生だったフジコ・ヘミング（１９３２年、ベルリン生まれ）である。

彼女は「子供になんか教えない」と渋っていたクロイツァーの前で、ショパンの《小犬のワルツ》とバッハの《プレリュードとフーガ》を弾いたという。クロイツァーは「これはすごい、天才だ」といってすぐにレッスンすることを快諾したという。

ただし、フジコ・ヘミングがピアノ・スターになるのは、もっともっと先のこと。この後の彼女のエピソードはおいおい語ることにする。

クロイツァーが自分の代わりに送り込んできたのが、彼の教え子であるレオニード・コハンスキ（１８９３年、ロシア生まれ）である。コハンスキは東京音楽学校で教えるかたわら、個人レッスンも行っていた。

彼の門下には、井口基成《もとなり》（１９０８年、東京生まれ）、井口愛子（１９１０年、東京生まれ）、井口秋子、舘野泉（１９３６年、東京生まれ）、中村紘子らがいた。

井口基成の妹が井口愛子、妻が井口秋子。

戦後、この井口兄妹が新しい大きな船を漕ぎ出して行くことになる。それは桐朋学園という大きな勢力となっていくが、桐朋学園に先駆けて明治の終わりに東京・神田・裏猿楽町に私立の音楽学校が誕生する。

東洋音楽学校である。

１９０７年（明治40年）、東京音楽学校を卒業後、母校の教壇に立っていた鈴木米次郎（１８６８年、東京生まれ）が東京・神田に日本初の私立の音楽学校、東洋音楽学校（のちの東京音楽大学）を創設したのだ。

この学校ではピアノ、オルガン、ヴァイオリン、独唱、作曲と東京音楽学校に見劣りしないカリキュラムを揃えた。１９１０年（明治43年）には、学校内に管弦楽部を設置し「東京フィルハーモニー会」を設立。これは英国大使・岩崎小弥太男爵夫妻の後援によるもので、ロンドンのロイヤル・フィルハーモニーに範をとったという。

そして、卒業生中心の東京オーケストラ団を結成し、盛んに演奏会を開いた。このオーケストラが山田耕筰に引き継がれ、新交響楽団（のちのＮＨＫ交響楽団）へと発展することになる。

月から降り立った2人のかぐや姫

戦前の日本には、久野久が「ベートーヴェンの大家」と呼ばれたように、ドイツ音楽こそ至上であるという空気があった。東京音楽学校の外国人教師にも、ドイツ人やドイツで音楽を学んだ音楽家が多かった。

そんな空気を引っ掻き回すように2人の女性ピアニストがパリから帰って来た。さながら、かぐや姫が月から降り立つように。

その2人とは、原智恵子（１９１４年、神戸生まれ）と安川加壽子（１９２２年、神戸生まれ）である。

１９３３年（昭和8年）、原智恵子がパリ国立高等音楽院（以下、パリ音楽院）でのプルミエ・プリ（1等賞）を引っさげて、日比谷公会堂で帰朝第一回リサイタルを開いた。

原智恵子の父・原条太郎はハーヴァード大学卒業の川崎造船所の技師長。そんな条太郎は智恵子が7歳の時からスペイン人ピアニストのペドロ・ビリャベルデにピアノを習わせた。一家で上京してのち、１９２８年（昭和3年）、条太郎の友人で画家の有島生馬《いくま》（作家・有島武郎の実弟）に伴われるかたちで智恵子は渡仏。

１９３０年（昭和5年）、パリ音楽院に入学し、ラザール・レヴィ（１８８２年、ブリュッセル生まれ）に師事。１９３２年（昭和7年）、日本人ではじめてプルミエ・プリを得て卒業した。そして、日比谷公会堂でのリサイタルは新聞各紙で好評だったが、それより何より垢抜けた容姿とフランス風の軽やかな演奏に驚かされたのだ。

１９３５年（昭和10年）、フランス政府の招きにより再渡仏。１９３７年（昭和12年）には、甲斐美和（１９１３年、サンフランシスコ生まれ）とともに、第3回ショパン・ピアノ・コンクール（以下、ショパン・コンクール）に出場している。もちろん日本人としてははじめてのことで、着物姿で演奏した彼女はワルシャワの聴衆の心を一気につかんだ。入賞を逃すという審査結果に聴衆が騒ぎ出し、主催者は彼女に「特別聴衆賞」を与えることでこの騒ぎをおさめたという。

ワルシャワの聴衆を魅了した原智恵子の魔力は、一時帰国した１９３８年（昭和13年）、ひとりの有望な青年の心をもつかんだ。のちにイタリアンレストラン「キャンティ」（60年代前半より最先端の若者から芸能人やデザイナーまでが集まっていた店）を創業する川添浩史である。川添もパリに遊学し写真家のロバート・キャパと交友していたという、いわば留学仲間。そんな2人は結婚し2人の男子をもうける。が、恋多き2人のこと、川添は別の恋人を作り、智恵子はイタリアへ飛んで世界的なチェリスト、ガスパール・カサド（1897年、バルセロナ生まれ）と恋に落ちた。

1959年（昭和34年）、川添との離婚が成立し、カサドと再婚したのち原智恵子はイタリアに定住。カサドとデュオを組んで、演奏活動を展開した。

当時は、「2人の子供を捨ててイタリアに飛んだピアニスト」などというスキャンダラスな報道もあったらしいが、ともかく、かぐや姫は月に帰ってしまったのだ。

そして、もうひとりのかぐや姫はまったく違った道を歩むことになる。

1941年（昭和16年）には、やはりパリ音楽院を卒業した草間加壽子（のちの安川加壽子）が日比谷公会堂で帰朝第一回リサイタルを開いた。19歳の美少女がフランス風の軽快な演奏を展開した。数年前の原智恵子のように。

加壽子の父・草間志亨はシカゴ大学を卒業した外交官。その関係で、加壽子は生まれてすぐに渡仏。そのままフランスで育ち、ピアノに出会い、10歳でパリ音楽院に入学した。ラザール・レヴィに師事し、プルミエ・プリを得て15歳で卒業した。その年、「パリ国際婦人ピアノコンクール」で1位になる。1939年（昭和14年）、帰国。

1940年（昭和15年）にはマンフレート・グルリット指揮／日本放送交響楽団やヨーゼ

フ・ローゼンシュトック指揮／新交響楽団といったオーケストラと次々に共演。翌１９４１年（昭和16年）、満を持して日比谷公会堂での帰朝リサイタルを開く。

１９４４年（昭和19年）太平洋戦争のさなか、加壽子は国文学者・安川定男（戦争当時は海軍に所属）と結婚。安川は九州の安川財閥の御曹司である。これもセレブ婚かもしれない（はいからさんが通る、みたいだ）。

月に帰ってしまったもうひとりのかぐや姫と違うところは、この天才少女が戦後の日本のピアノ界を引っぱっていく巨星になることだ。次の章で詳しく語ることにしよう。

第2章

上野の森、あるいは調布——東京藝大と桐朋学園

斎藤秀雄のチャレンジ精神

１９４５年（昭和20年）、第二次世界大戦が終わった。日本は敗れたのだ。１９４９年（昭和24年）、東京音楽学校は東京美術学校と合併するかたちで東京藝術大学に生まれ変わった。上野の森が賑やかになった。

ただ、大学から本格的な音楽教育をするのでは遅い、是非とも早期の音楽教育が必要なのだ、と感じていた音楽家が少なくとも２人いた。

ひとりはヴァイオリニストの鈴木鎮一、もうひとりはチェリストの斎藤秀雄（１９０２年、東京生まれ）だ。

この斎藤秀雄こそ、のちの桐朋学園となる「子供のための音楽教室」を立ち上げた人物のひとりである。

12歳からマンドリン、16歳でチェロの手ほどきを受けた斎藤は、１９２３年（大正12年）にドイツのライプツィヒ音楽学校に留学。ユリウス・クレンゲル（１８５９年、ライプツィヒ生まれ）に師事。１９２７年（昭和２年）に帰国し、新交響楽団に首席チェロ奏者として入団。１９３０年（昭和５年）、再渡独し、ベルリン高等音楽院（ベルリン音楽院）でエマーヌエル・

フォイアーマン（１９０２年、ウクライナ生まれ）に師事。１９３２年（昭和７年）帰国後、再び新交響楽団の首席チェリストに復帰した（それからしばしば指揮台に立つようになる）。

日本を代表するオーケストラの首席チェリストではあるが、２回目のドイツ留学でフォイアーマンに弟子入りした時、斎藤は初級クラスで左手の訓練（ひたすら左手で強く指板を叩く）から始めたという。幼年からチェロをさらっていたわけではない28歳の斎藤は、もはや指の柔軟性を失っていたのだ。幼少から音楽教育をする意義を痛感した。

斎藤は帰国後、幼少期の子供に向けての音楽教室を開くことを決意した。

戦前は東京音楽学校の校長が設立した上野児童音楽学園のほかに、私立の東洋音楽学校（のちの東京音楽大学）の下部組織（現在でいう高校）東洋音楽学校普通科が１９３２年（昭和７年）に設立されている。が、早期音楽教育もここまでで、子供の頃から音楽教育を施そうという発想は一般的ではなかったのだ。

斎藤はまず新進気鋭の音楽評論家・吉田秀和（１９１３年、東京生まれ）を口説き落とすと、東京音楽学校卒業後は教授として後進の指導にあたっていたものの退任しピアニストとして精力的に活動していた井口基成を誘った。彼はふたつ返事で参加した。音楽家としてスタートが遅かった井口は、斎藤のように早期教育の大切さに気づいていたひとりだったのである。

井口が東京音楽学校の同窓生である声楽家の伊藤武雄（1905年、広島生まれ）を連れて来た。そして、作曲家の柴田南雄《みなお》（1916年、東京生まれ）が加わると、その5人で「私たちの立場」という宣言文を出した。

一、なるべく小さい時から、正規の教育をはじめる。

二、聴音教育をおこなって正しい音感（旋律やハーモニーやリズムを正確にきき分けつかみとる力と、音楽、つまり本当に音楽的な音とは何かについての感性）を育てる。

三、以上と並行して、順をおって理論や知識を組織的に教える。

四、演奏のさまざまなスタイルを区別し、各生徒が自分に本当にぴったりしたスタイルで音楽する力をつける。

五、個人演奏だけでなく、合唱、合奏の訓練をする。

こうして、戦後の焼け野原の日本に新しい音楽の萌芽ともいうべき教育機関が誕生する。

「子供のための音楽教室」である。

「子供のための音楽教室」がスタート

「子供のための音楽教室」は千代田区三番町にある東京家政学院に開設された。１９４８年（昭和23年）のことである。

井口基成は、クロイツァーやコハンスキ門下で妻の井口秋子、コハンスキ門下で妹の井口愛子を講師に迎え、伊藤武雄はバリトンの畑中良輔（１９２２年、北九州生まれ）、作曲家の石桁《いしけた》真礼生《まれお》（１９１６年、和歌山生まれ）を伴ってやって来た。

それから、佐藤陽子（１９４９年、福島生まれ）らの師であるヴァイオリニスト鷲見《すみ》三郎（１９０２年、米子生まれ）、レオ・シロタと交流のあったヴァイオリニストの小野アンナ、作曲家の別宮《べっく》貞雄（１９２２年、東京生まれ）らが講師陣に加わった。

第１期生は、指揮者の小澤征爾（１９３５年、奉天生まれ）、チェリストの堤剛（１９４２年、東京生まれ）、ピアニストの江戸京子（１９３７年、東京生まれ）、ピアニストの本荘《ほんしょう》玲子（１９３６年、東京生まれ）、ヴィオラ奏者の瀬川純子《すみこ》（旧姓・江戸　１９３９年、東京生まれ）といった錚々《そうそう》たるメンバーが顔を揃えている。中でも、３歳という年齢で参加した中村紘子はさまざまな意味で日本の音楽界を背負っていくことになる。

想像してみてほしい。吉田秀和先生が時に古今東西の名盤をかけながら演奏論を展開しているその最前列で小学生にもなっていない中村紘子がそれを聴いている。実際はあまり聴いていなかった、とご本人が著書『ピアニストだって冒険する』の中で告白している。ま、こういうシュールなシーンはあったにしても、日本でも名だたる教師陣が代わる代わる子供たちを教えるのだから、一廉《ひとかど》の音楽家が育たないわけはない。なのに、月謝は安く抑え、講師陣へのギャラもほとんどなかったという。

当初は土曜日の午後に講義を行っていたが、生徒たちはすぐに成長する。つまりは中学、高校と彼らを受け入れる入れ物が必要になってきたのだ。しかし、東京家政学院には高校の音楽科まで受け入れる余裕はなかった。斎藤はあちこち打診して回ったがなかなかよい返事がもらえない。

そこで、第1期生・江戸京子の父親・江戸英雄が助け舟を出した（長女の京子だけではなく、次女・純子、三女・涼子もこの教室で学んでいた）。その人脈を生かして桐朋学園と話をつけたのだ。江戸英雄は旧制水戸高校から東京帝国大学へ進み、三井不動産（のちに社長になる）に勤務していた。旧制水戸高校時代の同級生・柴沼直《なおし》が東京文理科大学（のちの東京教育大学）の理事長をしていた。そこに話を持ち込んだのだ（江戸は資金集めにも尽力した）。

1952年（昭和27年）、調布にある桐朋女子高校（桐朋学園は東京文理科大学の傘下だった）に音楽科が併設された。

東京家政学院時代の教室はオルガン中心だったが、新設された学校にはグランドピアノ1台、アップライトピアノ2台が設置された。が、いかんせん設備が整っていない。楽器も揃ってはいない。いきおい、生徒たちは教師宅で個人レッスンをすることも多かったという。オーケストラを作ろうとしていた斎藤はあちこちから楽器をかき集めた。

成城学園中等部からすでに高等部に通っていた小澤征爾は、桐朋女子高校に入り直した、音楽科の第1期生である。女子高校という体ではあるが、男子生徒も受け入れていた。そんな時代だったのだ（ただし卒業証書には「桐朋女子高等学校」と書かれている）。

母親がクリスチャンで小さな頃から家で讃美歌を歌っていたという小澤征爾は、中学生になってシロタ門下の豊増昇にピアノを習い始めた。知り合いから譲り受けたヤマハのアップライトピアノは横浜から実家のある立川までリアカーで運んだ。そして、日比谷公会堂でレオニード・クロイツァーによるベートーヴェン《ピアノ協奏曲第5番・皇帝》の弾き振り（指揮をしながらピアノも演奏する）を見て指揮者を志した。桐朋女子高校音楽科に入って斎藤に指揮を学ぶことになるのだ。

この頃、同じ高校で斎藤に指揮を学んだのは、彼のほか秋山和慶（１９４１年、東京生まれ）、山本直純《なおずみ》（１９３２年、東京生まれ）、羽仁《はに》協子（１９２９年、東京生まれ）らがいる。

１９５５年（昭和30年）桐朋学園に短期大学部が、１９６１年（昭和36年）には大学音楽学部が設立される。大学の学長には井口基成が就任した。

この頃から「日本音楽コンクール」で桐朋出身者が入賞し始める。とりわけ、潮田益子《うしおだますこ》（１９４２年、奉天生まれ）ら弦楽器部門での活躍が目立った。これは、「子供のための音楽教室」の頃から一貫して合奏（アンサンブル）にこだわった（そして楽器をかき集め各パートの奏者を育てた）斎藤の戦略が功を奏したからだ。

１９５９年（昭和34年）、日本音楽コンクール・ピアノ部門で15歳で優勝したピアニストが現れる。中村紘子である。いよいよ彼女のことを語る時が来たようだが、その前に日本人としてはじめてショパン・コンクールに入賞したり、海外のコンクールで評価され始めた日本人ピアニストのエピソードをご披露したい。

国際コンクールで入賞する日本人ピアニスト

斎藤秀雄らとともに「子供のための音楽教室」の設立に加わった井口基成は、東京藝術大学を退任し、『世界音楽全集ピアノ篇』（春秋社）を出版した。その数、実に49冊に及ぶ。戦火ですっかりスコアが焼けてしまったので、日本中のピアニストが待望していたピアノ譜である。

その井口に代わって東京藝術大学の教授に就任したのが、フランス帰りのピアニスト、安川加壽子である。安川は井口が教えていた生徒数人を引き継ぐ形になった。

ちなみに安川加壽子も所有していたプレイエルのアップライトピアノとエラールのグランドピアノを２台とも戦火で焼失している。それ以降は、ブリュットナーとヤマハのピアノを弾いていたのだから興味深い。スタインウェイと彼女のフランス仕込みのピアニズムとは相いれなかったようだ。

１９４９年（昭和24年）の日本音楽コンクールでは、安川門下の田中希代子が２位に入った。彼女は幼少の頃に井口基成にピアノを習い、その後クロイツァー、そして安川に師事したピアニストである。

翌1950年（昭和25年）パリ音楽院に留学して、田中希代子は原智恵子、安川加壽子に続くレヴィ門下生になり、次々と国際コンクールに入賞した。

1952年（昭和27年）のジュネーヴ国際音楽コンクールで2位（1位なしの2位）、1953年（昭和28年）のロン＝ティボー国際コンクールで4位（1位なしの4位）、そして1955年（昭和30年）のショパン・コンクールでは10位入賞を果たした。ちなみに、この時のショパン・コンクールはアダム・ハラシェヴィチ（1932年、ポーランド生まれ）が1位、ウラディーミル・アシュケナージ（1937年、現在のニジニ・ノヴゴロド生まれ）が2位だった。

長い黒髪＆痩身の日本人女性がさっそうと国際舞台でピアノを弾く姿は、同時に日本の復興をも象徴していた。さぞかしフランス風の軽妙なピアノを弾くのかなと思うところだが、時に強靱なテクニックと鬼気迫る演奏が彼女の持ち味だったという。

順風満帆なピアニスト人生に見えたが、思わぬ病魔が彼女を襲う。膠原病である。ほどなく彼女は引退を余儀なくされる。

1954年（昭和29年）には、高野耀子《こうのようこ》（1931年、パリ生まれ）がヴィオッティ国際音楽コンクールのピアノ部門で優勝を果たした。父親・高野三三男《みさお》はモンパルナスで活躍したエコール・ド・パリの画家。

９歳で帰国した彼女は東京音楽学校で安川加壽子に学び、再び渡仏しパリ音楽院でリュセット・デカーヴ（１９０６年、パリ生まれ）に師事（パスカル・ロジェも同門である）。１９６５年（昭和40年）にはアルトゥーロ・ベネデッティ・ミケランジェリ（１９２０年、イタリア生まれ）にも師事しているので、マウリツィオ・ポリーニ（１９４２年、ミラノ生まれ）やマルタ・アルゲリッチ（１９４１年、ブエノスアイレス生まれ）とも同門ということになる。

そして、１９５９年（昭和34年）に松浦豊明（１９２９年、豊中生まれ）がロン＝ティボー国際コンクールで１位を獲得する。彼は上野児童音楽学園（戦前、東京音楽学校が行っていた早期教育機関）でシロタ門下の永井進に師事し、東京音楽学校を中退した後の１９４８年（昭和23年）、日本音楽コンクールで１位に。１９５８年（昭和33年）には新設されたチャイコフスキー国際コンクール（以下、チャイコフスキー・コンクール）で７位に入賞した。これがきっかけでメロディア（旧ソ連のレコードレーベル）への録音や旧ソ連への演奏旅行も経験した。１９５８年（昭和33年）からベルリン芸術大学に留学。ヘルムート・ロロフ（１９１２年、ドイツ生まれ）に師事。翌年、ロン＝ティボーを制するのだ。

それからはヨーロッパを拠点に演奏活動を続け、１９６９年（昭和44年）に帰国。各大学で後進の指導にあたった。まさに、国際派ピアニストの先駆者というべき存在である。

調布（桐朋学園）で大きな芽がどんどん伸びている間にも、上野の森からもこうしてたくさんのピアニストが育っていた。

中村紘子というアイコン

いよいよ、中村紘子の登場である——。

1959年（昭和34年）、中村紘子は日本音楽コンクール・ピアノ部門で優勝した。15歳である。「子供のための音楽教室」で学んだ潮田益子もやはり15歳で日本音楽コンクール・ヴァイオリン部門で優勝したことを考えると、この教室の勢いは凄まじいものがある。

この時点で、慶應義塾の中等部にいた中村（井口愛子に師事していた）は、安川加壽子のいる東京藝術大学附属高校へ進学するという話があった。けれど、御大・井口基成が反対し、話は立ち消えになった。結局、中村は音楽仲間のたくさんいる桐朋女子高校へ進む。

当時は、このように井口派と安川派のような構図があった。快活にばりばり弾く井口派とエレガントに柔らかく弾く安川派。

井口派の生徒は安川加壽子のピアノを聴きに行ってはイケナイ、云々《うんぬん》……。

そんなものはなかったという人もいるが、これは東京藝大と桐朋学園の間にもあるし、ヤマハとカワイのユーザー同士にもある。

たとえば、ピアニストにはブゾーニ↓シロタ↓永井↓田村↓小山とメソッドを継承していく系譜があって、さながら茶道や華道にも通じる伝統文化という側面もある。

ひとたび、そこから外れると疎外感にさいなまれることになる。学閥という組織に属さなかった音楽家でも実際にそれはある。

「世の中は冷たいよ。それに真理子は、音楽大学を卒業しているわけではないから、どこの閥にも属していない。そのせいで、なかなか困難極まる状況だよ」（『千住家にストラディヴァリウスが来た日』千住文子）

これは、ヴァイオリニストの千住真理子（１９６２年、東京生まれ）がストラディヴァリウスを手に入れようとしていた時、兄の作曲家・千住明（１９６０年、東京生まれ）が母親・千住文子に話したことだ。多くの場合、日本音楽財団やサントリー芸術財団のような法人や音楽に明るい資産家が高額な楽器を所有し、お眼鏡にかなった演奏家にその楽器を貸与する。音大が出身者や教授陣に楽器を貸与するケースもある。けれど、彼女の場合は誰も助けてはくれなかったらしい。ということは、億を超える金額の楽器を自分で買わなければいけなかったということだ。

千住真理子はヴァイオリンの名教師、鷲見三郎と江藤俊哉（１９２７年、東京生まれ）に師事していたものの、幼稚舎から慶應義塾で学び、大学も慶應義塾大学文学部を卒業している。長兄の画家・千住博、次兄の作曲家・千住明ともに東京藝術大学の卒業だが、彼女はそうではない。目の前にストラディヴァリウスを手に入れるチャンスが巡ってきた時に、どこの組織にも属していないことが裏目に出るということがあるのだ。結局、このストラディヴァリウス「デュランティ」は彼女のヴァイオリンになったが、どこかのコミュニティに属していることが音楽家には必要だ。

話を戻そう。

１９６０年（昭和35年）、ＮＨＫ放送開始35周年を記念してＮＨＫ交響楽団の「世界一周演奏旅行」が行われた。指揮者に岩城宏之（１９３２年、東京生まれ）、外《と》山《やま》雄三（１９３１年、東京生まれ）、その時のソリストとして、レオ・シロタの高弟・園田高弘、前年にロン＝ティボーのコンクールを制してヨーロッパで売り出し中だった松浦豊明、子供のための音楽教室から中村と一緒だったチェリストの堤剛、そして、中村紘子が選ばれた。

中村は振袖を着てショパン《ピアノ協奏曲第１番》やベートーヴェン《ピアノ協奏曲第３番》を演奏した。彼女が巡ったのは、ナポリ、ザグレブ、フィアゼン、ロンドン、パリ、ワシントン、ニューヨーク。かつて原智恵子が着物姿でワルシャワの観衆を熱狂させたように、どの都市でも好評だったが、その実、東洋人ノオーケストラモナカナカヤル、という声と、我々ヨーロッパ伝統ノ音楽デハナイ、という声がないまぜになったものらしい。

翌１９６１年（昭和36年）、東京文化会館大ホールでデビュー・リサイタル（通常ピアノ・リサイタルをやる小ホールじゃなくて、大ホールの方です）。

１９６３年（昭和38年）、その目で世界を見てきた中村紘子はニューヨークに飛び立ち、ジュリアード音楽院に留学する。名匠ロジーナ・レヴィン（１８８０年、キーウ生まれ）に師事することになった。ここでひと騒動です。レヴィン女史（彼女もユダヤ人である）は中村の弾き方を見てダメ出しをする。「メソッドが悪いから初めからやり直しましょう」と。

かつてリストの高弟のひとりエミール・フォン・ザウアーに同様のダメ出しをされ、ホテルの屋上から身を投げた久野久のことが脳裏をよぎった読者の方も多いと思う。

日本人ピアニストの多くが必ずしも「タイプライターを叩くように弾く」ハイ・フィンガー奏法だったわけではない。パリ帰りの原智恵子や安川加壽子は柔らかくエレガントな奏法を身につけていたことを考えると、井口派に多くみられる特徴だったのではないだろうか。「井口派の生徒は安川加壽子のピアノを聴きに行ってはイケナイ」といったピアノ版・家元制度の弊害が見え隠れする。

さて、我らが紘子先生、半年ほどショックで茫然自失になっていたらしいが、１９６５年（昭和40年）にショパン・コンクールに挑戦することになった。半年間、ワルシャワに滞在して臨んだこのコンクールで見事４位に入賞。１位はマルタ・アルゲリッチである。

この出来事は１９６４年（昭和39年）の東京オリンピック、１９７０年（昭和45年）の大阪での万国博覧会と並んで、日本の高度経済成長のアイコンとなった。

芸術もスポーツも日本は世界と肩を並べつつあるのだ、という高揚感。その象徴。ほどなく、中村紘子は東大法学部卒の芥川賞作家・庄司薫と結婚する。１９７４年（昭和49年）のことである。

原智恵子はのちにキャンティをオープンする青年実業家・川添浩史と結婚し、世界的なチェリスト、ガスパール・カサドと再婚した。安川加壽子はのちに国文学者となる財閥の御曹司・安川定男と結婚した。中村紘子は芥川賞作家ときた。一世を風靡する女性ピアニストは日本でもっとも旬な男と結婚するらしい。

中村紘子の場合は一世を風靡するどころではない。ＣＢＳ・ソニーレコード（のちのソニー・ミュージックエンタテインメント）の専属第１号アーティストになる、テレビＣＭ（カレーやインスタントコーヒー）には出る、本を出版すれば賞（大宅壮一ノンフィクション賞など）を取る、中村紘子のリサイタルを開くために地方にコンサートホールが立つ、そのホールにスタインウェイのコンサート・グランドピアノが設置される、などなど。

一方でショパン・コンクールやチャイコフスキー・コンクールなど主だった国際コンクールの審査員も務め、浜松国際ピアノコンクールでは第３回大会より審査委員長になっている。

彼女は正式に弟子をとることはしなかったが、浜松国際ピアノアカデミー・マスタークラスでチョ・ソンジン（１９９４年、ソウル生まれ）や藤田真央《まお》（１９９８年、東京生まれ）、牛田智大《ともはる》（１９９９年、いわき生まれ）らを指導している。チョ・ソンジンがショパン・コンクール１位、藤田真央がチャイコフスキー・コンクール２位に入っていることを考えると、中村紘子の残した功績は思いのほか大きい。

浜松国際ピアノコンクール＝浜コンに関しては別の章で詳しく触れる。

中村紘子とほぼ同時期に井口愛子に師事していたピアニストに弘中孝（１９４３年、山口生まれ）と野島稔（１９４５年、横須賀生まれ）がいる。

弘中孝は1961年（昭和36年）の日本音楽コンクール1位を得て、1963年（昭和38年）からジュリアード音楽院、そののちマルセイユ音楽院にも留学。1967年（昭和42年）のジョルジュ・シフラ国際ピアノコンクール1位、1969年（昭和44年）のロン＝ティボー国際コンクール4位と華々しい活躍をしている。

野島稔も1963年（昭和38年）に日本音楽コンクールで1位を獲得し、桐朋学園大学音楽科を経て、モスクワ音楽院でレフ・オボーリン（1907年、モスクワ生まれ）に師事。帰国後の1968年（昭和43年）には海外派遣コンクールで1位に。翌1969年（昭和44年）にはヴァン・クライバーン国際ピアノコンクールで2位に入った。翌1970年（昭和45年）にカーネギー・ホールでのデビューを飾っている。2006年（平成18年）には出生地の横須賀で「野島稔・よこすかピアノコンクール」を立ち上げた。隔年で開催されるこのコンクールは、2次予選でベートーヴェンのソナタのひとつを全楽章弾かせる。野島本人はラヴェルやリストの録音で評価が高かった。

特筆すべきは中村、弘中、野島の3人とも日本音楽コンクール1位を獲得していることだが、ピアニストとして社会的ステータスを獲得した中村紘子を太陽の光とするならば、弘中と野島の音楽をまっとうする姿はひたひたと水面をたゆたう月の光である。

いやいや、同時期の桐朋学園からは月の光どころではない、とびきり異色な光を放つピアニストも生まれている。

高橋悠治（１９３８年、東京生まれ）である。

前衛音楽の旗手・高橋悠治

高橋悠治の父・高橋均は季刊誌『音楽研究』編集長を務めていた音楽評論家。母・蔭山英子はシロタ門下のピアニスト。東京音楽学校に学び、原智恵子と同時期に活躍していた。天才少女と呼ばれていたらしい。妹・高橋アキ（１９４４年、鎌倉生まれ）も東京藝大卒のピアニスト。

絵に描いたような音楽一家だが、高橋悠治は中学生の時に通っていた「子供のための音楽教室」で柴田南雄に現代音楽の技法による作曲法を学んだ。父親の雑誌『音楽研究』でもシエーンベルクだヴェーベルンだといったいわゆる新ウィーン楽派を盛んに取り上げていたが、高橋悠治は実際に十二音技法の作曲法を教えられていたのである。しかも中学生で。まさに現代音楽の英才教育である。ちなみに現代音楽は、音大生でも難解とされていて（いわく

「ゲンオンってよく分かんねぇよな」という感じ）、かの大指揮者ヴィルヘルム・フルトヴェングラー（１８８６年、ベルリン生まれ）は「無調音楽を聞いていると、われわれはまるで深い森の中をさまよっているようだ」と嘆いている。ただし、現代音楽のメインストリームにあるのは無調音楽、すなわち十二音技法によって書かれた楽曲である。

高橋は母にピアノの手解きを受けてから宅孝二（１９０４年、堺生まれ）らにピアノを習い、桐朋学園大学短期大学部の作曲科に進んだ。１９５８年（昭和33年）に中退。

本人はピアニストになるつもりはなかったというものの、１９６０年（昭和35年）、東京現代音楽祭でボー・ニルソン（１９３７年、スウェーデン生まれ）の《クヴァンティテーテン》の日本初演でピアニストとしてデビューを飾る。当初予定していたピアニストがあまりに難解なスコアにギブアップした難曲である。

そして、芥川也寸志《やすし》（１９２５年、東京生まれ）、武満徹（１９３０年、東京生まれ）、松平頼暁《よりあき》（１９３１年、東京生まれ）、林光（１９３１年、東京生まれ）、黛《まゆずみ》敏郎（１９２９年、横浜生まれ）といった作曲家が集まって立ち上げた「草月コンテンポラリー・シリーズ」で高橋は、武満徹の《ピアノ・ディスタンス》、ジョン・ケージ（１９１２年、ロサンゼルス生まれ）の《ウィンター・ミュージック》、ヤニス・クセナキス（１９２２年、ルーマニア生まれ）の

《ヘルマ》などを演奏。現代音楽の弾き手として一躍脚光を浴びることになった。

１９６３年（昭和38年）、西ベルリンに留学し、作曲をクセナキスに師事。クセナキスの作品を録音したアルバムでフランス・ディスク・アカデミー大賞を受賞（１９６５年度）。

同世代のピアニストたちの多くが、ショパンやベートーヴェンやラフマニノフのスコアと向き合っている時（つまりは19世紀の方を向いている時）、ヤニス・クセナキスのスコアと取っ組み合い、自らも作曲活動を盛んに行っていたのだ。

クセナキス。数学の理論を用いて作曲をする、いかにも現代音楽の作曲家。そして建築家でもある。オリヴィエ・メシアン（１９０８年、フランス生まれ）に師事し、ピエール・ブーレーズ（１９２５年、フランス生まれ）と喧嘩をした男。彼の無機的かつ難解な楽曲を高橋悠治は演奏した。涼しい顔で。

高橋は、いかにも20世紀的なピアニストだ。その代わり、ロマン派の音楽は苦手だったように見える。弾けないのか、そもそも弾く気がないのか。

そんな彼がフジコ・ヘミングと付き合っていたことがあるという記述が、青柳いづみこ著『高橋悠治という怪物』にある。これはなかなかに衝撃的だ。ピアニストとしては正反対。水と油。レパートリーはひとつも重ならない（多分）。話が合うのか合わないのか、そこは男女の仲の不思議ということなのだろうか。

そのフジコ・ヘミングだが、ブレイクするのはまだまだ先の話です。

さて、高橋は自ら「水牛楽団」を結成して、アジアや南米のプロテストソングを演奏する活動をしたり、さまざまな実験音楽の演奏会を開いた。坂本龍一（１９５２年、東京生まれ）と武満徹の演奏会に反体制のビラを撒《ま》いたというお茶目な一面もある。いちピアニストというより、時代の最先端を走り抜けるとがった芸術家と呼んだ方がしっくりくる。

エリック・サティ（１８６６年、フランス生まれ）のブームを妹・高橋アキとともに牽引したのも彼である。大学生だった頃の私たちにとって、高橋悠治はアイドルだった。その話はまたあとで。

藝高生という金の卵

１９５４年（昭和29年）には、桐朋女子高校音楽科に2年遅れて東京藝術大学音楽学部附属音楽高等学校が神田駿河台に開設された（１９９５年には大学と同じ上野に移転）。

いわゆる「藝高」の卒業生は、ピアニストだけでも小山実稚恵、横山幸雄（１９７１年、三鷹生まれ）、伊藤京子（１９５３年、北九州生まれ）、青柳いづみこ、野平《のだいら》一郎（１９５３年、東京生まれ）、斎藤雅広（１９５８年、東京生まれ）、田部京子（１９６７年、室蘭生まれ）、藤井一興《かずおき》（１９５５年、東京生まれ）、永野英樹（１９６８年、名古屋生まれ）と枚挙にいとまがない。

　ここでも高校と大学の一貫教育、すなわち同じ先生の元、指導を受けられるというアドヴァンテージがあり、さらにいうと高校卒業と同時に国内の音楽大学ではなく海外のコンセルヴァトワールに進めるというオプションも手にできる。しかも１学年１クラスという少数精鋭である。

　上野児童音楽学園で松浦豊明を指導した永井進の門下生・田村宏は「藝大でいちばん怖い先生」として名を馳せていた男だ（桐朋学園の斎藤秀雄もなかなかの癇癪持ちだったと聞くが……）。

　田村宏の門下には、斎藤雅広、小山実稚恵、若林顕（１９６５年、東京生まれ）、田部京子といった名手が揃う。〝藝大のホロヴィッツ〟と呼ばれていた斎藤はポーランドのチェルニー＝ステファンスカ（１９２２年、クラクフ生まれ）の元で研鑽を積んだし、若林は22歳でエリザベート王妃国際音楽コンクールで2位に入り、モーツァルテウム音楽院とベルリン芸術大学大学院でハンス・ライグラフ（１９２０年、ストックホルム生まれ）に師事した。田部もベルリン芸術大学でクラウス・ヘルヴィッヒ（１９４１年、エッセン生まれ）に師事し、ミュンヘン国際音楽コンクールで３位に入っている。彼らは、田村の元を巣立って海外で研鑽を積んで大きくなっていったピアニストたちだ。

そんな中、東京藝大附属高校から東京藝大大学院まで田村（藝高の生徒も指導していた）に学んだ小山実稚恵は、海外留学を経ずして１９８２年（昭和57年）のチャイコフスキー・コンクールで３位、１９８５年（昭和60年）のショパン・コンクールで４位に輝いている。

小山の奏法のキモは「脱力」である。藝高から大学院に至るまで田村宏はこの脱力の大切さをずっと説いていた。

「ところが、傍目には脱力どころか、ものすごく腕力や体力を使ってピアノを弾いているように見えるそうです。

超絶技巧が駆使されたラフマニノフやチャイコフスキーのピアノ協奏曲を弾いたときなどは、『あんなに激しく演奏していて、指先から血が出たりすることはないのですか？』と聞かれ、思わず笑ってしまうことがあります。指の動きが激しく、フォルテッシモも多用されている曲ではありますが、見た目ほど強い力で鍵盤を押さえているわけではないのです。

演奏中の腕は、基本的には力を抜いてプラプラした状態。重さをかけたり、瞬発力を使って弾くときもありますが、余分な力はなるべく入れず、『芯』に当てるタッチを心がけています。

そういうわけで、ピアノを弾いていて指に怪我をすることは、まずありませんし、肩もほとんど凝りません。前にもふれたように、腱鞘炎になったこともないのです」（『点と魂と』小山実稚恵）

「一度も腱鞘炎になったことがない」という小山実稚恵のピアニズムと、「指を切って鍵盤を血に染める」久野久のピアニズムはまったくの正反対。先輩の悪《あ》しき奏法を拭い去るまでには、50年以上もかかったということか。

そういえば、マウリツィオ・ポリーニがショパン・コンクールで優勝した時、審査委員長のアルトゥール・ルービンシュタイン（１８８７年、ポーランド生まれ）が指の強さを彼に伝授したことがあった。ポリーニの背中に中指を押し付けて「いつもこの強さで弾いている。だから疲れない」と。

それぞれ表現が異なるが、脱力の極意である。

私立の音楽大学が続々誕生

戦後の新学校制度になり、東京には、１９４９年（昭和24年）に武蔵野音楽大学、１９５０年（昭和25年）に国立《くにたち》音楽大学、１９５８年（昭和33年）に上野学園大学音楽学部、１９６３年（昭和38年）に東京音楽大学（当時は東洋音楽大学）、同じ１９６３年（昭和38年）に東邦音楽大学と私立の音楽大学が続々と設立された。

武蔵野音楽大学の前身は、東京音楽学校在学中に瀧廉太郎と知己を得ていた作詞・作曲家の福井直秋（１８７７年、富山生まれ）によって１９２９年（昭和４年）に創設された「武蔵野音楽学校」。福井は歌曲や器楽曲の創作を盛んに行う一方、声楽指導法や歌曲集編纂などにも力を入れていた。創立者のそうした音楽活動から、武蔵野音楽大学はとりわけ声楽に強く、多くの声楽家を輩出している。

国立音楽大学の前身「東京高等音楽学院」は１９２６年（大正15年）に創設された。声楽家の武岡鶴代（１８９５年、岡山生まれ）と矢田部勁吉《けいきち》（１８９６年、東京生まれ）、ピアニストの榊原直《なおし》（１８９４年、東京生まれ）らが創設に尽力した。１９２８年（昭和３年）には同校の合唱団が新交響楽団とベートーヴェン《交響曲第９番・合唱》で共演するなどやはり声楽に強い学風だが、小原《おばら》孝（１９６０年、川崎生まれ）や及川浩治（１９６７年、宮城生まれ）といった個性派ピアニストも輩出している。「鍵盤男子」で活動していた大井健（１９８３年、東京生まれ）は幼少期に渡欧して帰国後、国立音楽大学を卒業した若手ピアニストだ。

その「東京高等音楽学院」の院長だった三室戸《みむろど》敬光《ゆきみつ》（１８７３年、京都生まれ）が、豊島区西巣鴨に開設した「東京高等音楽学院大塚分教場」が東邦音楽大学の前身だ。１９３８年（昭和13年）に東邦音楽学校に名前を変えた。１９５１年（昭和26年）に東邦音楽短期大学が開設され、１９６５年（昭和40年）に東邦音楽大学になった。出身者のピアニストに中島剛《ごう》がいる。

上野学園大学は、１９０４年（明治37年）に創設された「上野女学校」が前身である。１９４９年（昭和24年）には上野学園高校に音楽科が設置された。桐朋女子高校に音楽科が併設される３年前のことだ。それから短期大学を経て１９５８年（昭和33年）、上野学園大学に音楽学部（器楽学科、声楽学科、音楽教育学科）が併設されたのだ。既存の学校に音楽科を立ち上げていくあたりのプロセスも桐朋学園とよく似ている。２００９年（平成21年）のヴァン・クライバーン国際ピアノコンクールで１位になった辻井伸行（１９８８年、東京生まれ）は、上野学園大学で横山幸雄と田部京子に師事している。ただ、現在は少子化の影響もあり大学の学生募集を停止している（短期大学部、中学、高校の募集は存続）。

東京音楽大学は、４年制大学になったのが１９６３年（昭和38年）で、前身の東洋音楽学校（１９０７年設立）から数えると創立１００年を超える名門である。

東京音大付属高校は、東洋音楽学校普通科として１９３２年（昭和7年）に設立されている。ということは、桐朋よりも藝高よりも、付属学校としてはもっとも歴史が古いのだ。

東京音大付属高校から日本の音楽大学へ行かずジュリアード音楽院に進んだ小川典子（１９６２年、川崎生まれ）や辻井伸行（卒業後は上野学園大学に進んだ）らが付属高校の出身者。

小菅優（１９８３年、東京生まれ）も、下部組織の東京音楽大学付属音楽教室（１９７４年開設）で学び、ヨーロッパへ移り住んだというピアニストだ。カール＝ハインツ・ケマーリング（１９３０年、ドイツ生まれ）に師事したのち、コンクール受賞といったアクティビティを示さずにキャリアを積んだ。２００５年（平成17年）にはカーネギー・ホール、翌２００６年（平成18年）にはザルツブルク音楽祭にデビュー。ヨーロッパ各地で活動している。２０１９年（令和元年）のチャイコフスキー・コンクールで2位になった藤田真央も付属高校から東京音楽大学へ進み、野島稔に師事した。金子三勇士《みゆじ》（１９８９年、高崎生まれ）もここの出身だ。

1967年（昭和42年）には洗足学園音楽大学、1984年（昭和59年）には昭和音楽大学といった私立の音楽大学が首都圏に続々と誕生。洗足学園音楽大学の創設者・前田若尾（1888年、高知生まれ）はクリスチャンで、「洗足」という名称も聖書から引かれている。SEKAI NO OWARI の SAORI もここの出身者。また、ジャズコースを卒業したピアニストに佐藤浩一（1983年、横浜生まれ）がいるように、クラシック以外の幅広いジャンルに門戸を開いている。

昭和音楽大学の前身は総合的なオペラ教育を理念に掲げる「下《しも》八《や》川《かわ》圭祐《けいすけ》声楽研究所」（1930年設立）。戦前より東京音楽学校で教壇に立っていた指揮者のマンフレート・グルリット（戦後、オペラ歌手の日高久子と結婚）を教授に招くなど、オペラやミュージカルにも力を入れている。いきものがかりの吉岡聖恵《きよえ》は短期大学部のミュージカルコースの出身だ。最近では2021年（令和3年）のショパン・コンクールでセミファイナルに進み翌2022年（令和4年）のダブリン国際ピアノコンクールで2位になった古《ふる》海《み》行子《やすこ》（1998年、相模原生まれ）、同じダブリン国際ピアノコンクールで1位になった黒木雪音（1998年、千葉生まれ）もこの大学で学んでいた。

このように、それぞれの大学がそれぞれに特徴を生かして音楽教育を行っているが、その背景には日本の経済成長、そして２つのピアノメーカーの目覚ましい発展が寄与している。

この章の冒頭で、是非とも早期の音楽教育が必要なのだ、と感じていた音楽家が少なくとも２人いた、と書いた。

ひとりは「子供のための音楽教室」を立ち上げた斎藤秀雄。もうひとりの鈴木鎮一は、東京・代田に「帝国音楽学校」を設立（１９３１年）した。が、１９４５年（昭和20年）の東京大空襲によって焼失。帝国音楽学校は廃校となった。

そんな鈴木だが、１９４６年（昭和21年）に疎開先の長野・松本で「松本音楽院」をスタートさせた。ほどなく名称を「才能教育研究会」と変え、１９５０年（昭和25年）には社団法人として認可を受けた。

そして、ヴァイオリン科、チェロ科、フルート科、ピアノ科からなる「スズキ・メソード音楽教室」として全国に展開し、果てはアメリカにも教室を拡大したのだ。

ここからは江藤俊哉や諏訪根自子《すわねじこ》（１９２０年、東京生まれ）、竹澤恭子（１９６６年、大府生まれ）、葉加瀬太郎（１９６８年、吹田生まれ）、ヒラリー・ハーン（１９７９年、レキシントン生まれ）、サラ・チャン（１９８０年、フィラデルフィア生まれ）といった名だたるヴァイオリニストが巣立った。チェリストのヨーヨー・マ（１９５５年、パリ生まれ）もそうだ。ピアニストでいうと、海外で活躍する広瀬悦子（１９７９年、愛知生まれ）らがいる。彼女は日本より海外での方が有名かもしれない。

スズキ・メソード音楽教室と同じように、あるいは、それ以上にメジャーな音楽教室が日本には２つある。ヤマハ音楽教室とカワイ音楽教室です。

次の章では再び、ヤマハとカワイについて語ることにする。この２つのピアノメーカーを育んだ土地、浜松の話とともに。

第3章

浜松——ヤマハとカワイの出生地

グールドが愛したヤマハ

グレン・グールド（1932年、トロント生まれ）が愛用していたスタインウェイのCD318が、クリーヴランドからトロントへ輸送中に落下事故に遭った。1971年（昭和46年）のことだ。スタインウェイ社のスタッフは折れたフレームを新品に入れ替えてはみたものの元には戻らない。1960年（昭和35年）に廃棄処分寸前だったこのCD318に出会い、ひと目惚れし、その愛用していたピアノが再起不能になる。ピアニストにとってこんな悲劇はない。

彼は1955年（昭和30年）に出会った最初のバッハ《ゴルトベルク変奏曲》録音（1955年）で使ったお気に入りのピアノ、スタインウェイCD714も運搬中の落下事故で失っている。やはりクリーヴランドからの輸送のさなかだ。彼の元から恋人が去っていくように愛するピアノが去っていった。

1980年（昭和55年）、《ゴルトベルク変奏曲》の再録音を考えていたグールドは新しいピアノを探していた。ふと立ち寄ったカーネギー・ホールの裏手にあるオストロフスキー・ピアノ商会で新しいピアノに出会う。それもショーウィンドウに飾ってあったヤマハのコンサート・グランドではなく、裏手の通路に置いてあった中古のヤマハＣＦⅡである。試し弾きをしたグールドはそのピアノがいたく気に入り、小切手で購入した。ピアノとの出会いは恋に落ちるのに似ている。

グールドはこの新しい恋人とハイドン《ピアノ・ソナタ集》、バッハ《ゴルトベルク変奏曲》、ブラームス《バラードとラプソディ》、リヒャルト・シュトラウス《ピアノ・ソナタ》のレコーディングを行った。そして、生涯もう1台のヤマハも購入している。

もうひとつ、ピアノの巨匠のエピソードを。

ロシアの大ピアニスト、スヴャトスラフ・リヒテル（１９１５年、ウクライナ生まれ）もヤマハのピアノを愛したピアニストだ。

１９６９年（昭和44年）、イタリアのパドヴァでの演奏会でヤマハのフルコンサート・グランドピアノＣＦを弾いたリヒテルは、続くマントン音楽祭（南フランス）でもヤマハを選んだ。この時に担当した調律師が村上輝久である。リヒテルの信頼を勝ち得た彼は、以来、リヒテルのピアノを調律する。

翌１９７０年（昭和45年）、初来日を果たしたリヒテルは大阪フェスティバルホールでの2日目以降、全ステージでＣＦを弾いた。

１９７９年（昭和54年）、浜松のヤマハ本社ピアノ工場内の視聴室でリヒテルは「感謝の意味を込めて」とエンジニアたちを前に約２時間にわたるリサイタルを開いたのだ。そして、この工場でのリサイタルはたびたび行われたという。

もちろん、カワイにもさまざまなエピソードはあるが、それはのちほど。

スタインウェイに負けないピアノ

少し話を戻す。終戦直後である。

太平洋戦争によって浜松も焼け野原になった。工場も焼け落ちている。

終戦後、ヤマハもカワイもハーモニカやシロホンなどの小物楽器の生産からスタートした。

やがて、オルガンやピアノの製作も再開していった。運よく浜松周辺には楽器製作のエンジニアたちが生き残っていたのだ。

１９５０年（昭和25年）、ヤマハは川上嘉市から川上源一に社長が交代した。１９５５年（昭和30年）にはカワイも天才エンジニア・河合小市が死去。その娘婿である河合滋に社長が替わっていった。そう、のちのカワイが世界に誇ることになる名器、Shigeru Kawai をその名に冠した人物だ。

ヤマハの川上源一社長は、１９１２年（明治45年）生まれ。兵庫の甲南高校で社会主義にかぶれて放校処分になり、高千穂高等商業学校を卒業した人物で、東京帝国大学卒で住友財閥からヤマハに迎えられた父・川上嘉市への反抗意識は強かったようだ。

そんな川上源一だが、新進ピアニストだったシロタ門下の園田高弘を招いて試弾を重ね、１９５０年（昭和25年）にコンサート・グランドＦＣ（のちのＣＦとは別モデル）を完成させた。そして、日比谷公会堂で発表演奏会を開いた。ピアニストは園田高弘とクロイツァー門下の大堀敦子（１９２８年生まれ）の２人だが、これが業界紙の酷評にあった。

この直後、フランスから原智恵子や安川加壽子の師匠であるラザール・レヴィが来日。演奏会を開いたが、このうち何回かはヤマハのコンサート・グランドピアノが使用された。そして、先をいくスタインウェイの背中を見つめ川上社長はこう公言した。

スタインウェイに負けないピアノを1年以内に必ず作る——。

翌１９５１年（昭和26年）に思わぬ出来事が起きる。

アメリカから来日したヴァイオリニスト、ユーディ・メニューイン（１９１６年、ニューヨーク生まれ）の演奏会で、ピアニストのアドルフ・バラー（１９０９年、ウクライナ生まれ）がヤマハのコンサート・グランドＦＣをチョイスしたのだ。

しかしながら、ハンマー、アクション、弦の張力、どれをとっても国産ピアノはまだまだだった。

そこで川上は１９５３年（昭和28年）、３ヶ月近い期間、欧米を視察して回った。トランジットで降り立ったホノルルのパイナップル缶詰工場でのオートメーションに驚き、アメリカ人宅で見た自家用自動車・冷蔵庫・自動食器洗い機が並ぶ生活水準の高さに驚き、シカゴのミュージック・コンベンションで見たビジネスのスケール感に驚いたが、とりわけスピネット型と呼ばれる小型のピアノに関心を寄せた。アメリカ製のピアノは家庭のリビングに置かれることを想定し、音色ではなく、デザインや素材（マホガニーやウォールナット色）優先だったのだ。さらには徹底した合理化が図られたワーリッツァーのピアノ工場にも感心した。続いてヨーロッパに移動した川上は、ドイツでスタインウェイとベヒシュタイン、フランスでプレイエルとガヴォーのピアノ工場を視察して帰国の途についた。ヨーロッパではすでに、楽器製造は斜陽産業になっていたのだ。お手本にするならアメリカの合理的な工場運営だ。

川上はデザインピアノの開発に着目し、一方で有望なエンジニア２名を海外に留学させた。デザインピアノはのちに量産体制に入っていくアップライトピアノへとつながり、鋳造技術を学ぶために留学したエンジニアは強靭なピアノのフレームの開発に、電気音響学とインダストリアル・エンジニアリングを学んだエンジニアはエレクトーンの開発につながっていった。

１９５３年（昭和28年）にはワルター・ギーゼキング（１８９５年、リヨン生まれ）が、翌１９５４年（昭和29年）にはヴィルヘルム・バックハウス（１８８４年、ライプツィヒ生まれ）が来日公演でヤマハのピアノのコンサート・グランドを演奏した。

さらには、エミール・ギレリス（１９１６年、オデーサ生まれ）やチェリストのムスティスラフ・ロストロポーヴィチ（１９２７年、アゼルバイジャン生まれ）、指揮者のクルト・ザンデルリンク（１９１２年、ポーランド生まれ）がヤマハのピアノを購入し、母国に持ち帰っている。

ヤマハはこのように海外からの有名音楽家に積極的にコミットした。これはアーティストと協力関係を結んで売り上げにつなげるスタインウェイの戦略に範をとったものだ。

スタインウェイは19世紀にアントン・ルービンシュタイン（1829年、モルドヴァ生まれ）をアメリカに招いて全米ツアーを行い、大成功をおさめた。これが大きな宣伝効果があることが分かり、20世紀に入っても作曲家としても有名なセルゲイ・ラフマニノフ（1873年、ロシア生まれ）、ヨーゼフ・ホフマン（1876年、ポーランド生まれ）といったピアニストたちに「ピアノ、調律師、現金」などを供与する代わりに、同社以外のピアノを演奏会で使用しないこと、推薦文などをカタログや広告に用いること、コンサートのプログラムに「スタインウェイ&サンズ」のクレジットを入れることなどを求めた。彼らはスタインウェイ・アーティストと呼ばれ、同社のイメージ戦略を担っている。

この章の冒頭に登場するグレン・グールドもそうだったし、マルタ・アルゲリッチやクリスティアン・ツィマーマン（1956年、ポーランド生まれ）もスタインウェイ・アーティストである。

ヤマハはピアノ製作に関しては、視界の先をひた走るスタインウェイをロールモデルとしていたのだ。

高度経済成長と音楽教室

時は高度経済成長がスタートしたばかり。１９５６年（昭和31年）の経済白書が「もはや戦後ではない」と高らかに宣言し、白黒テレビ・洗濯機・冷蔵庫が家電製品「三種の神器」と呼ばれていた頃だ。

１９５９年（昭和34年）は皇太子殿下ご成婚という大きなイベントがあり、オープンカーによるパレードの模様がテレビで生中継された。翌１９６０年（昭和35年）にはＮＨＫ交響楽団の「世界一周演奏旅行」が行われ、着物姿の中村紘子がヨーロッパでピアノを弾く姿も、やはりテレビ中継された。

また、１９５０年（昭和25年）に住宅金融公庫法、１９５１年（昭和26年）に公営住宅法、１９５５年（昭和30年）に日本住宅公団法が制定されたことにより、それらがトリガーとなって、日本全国に「団地ブーム」が巻き起こった。

都市近郊に建てられた団地には、（今では当たり前だけれど）キッチンに流し台があり、浴室があり、水洗トイレがデフォルトで装備されている、「近代的なライフスタイル」を送ることのできる住空間だったのだ。

できたばかりの団地に住み、そこには白黒テレビ・洗濯機・冷蔵庫があるというピッカピカの生活。ちょっとがんばれば、誰にでも手の届くところにそれはあった。
最後のピースは、富の象徴であるヤマハかカワイのアップライトピアノが部屋にあること。そんな夢のようなライフスタイル。それはまさに、ヤマハの川上社長がアメリカ視察で見たアメリカ人の家庭（アメリカ人宅で見た自家用自動車、冷蔵庫、自動食器洗い機、そしてデザイン・ピアノ）に近いものだ。かつては一軒家が立ち並ぶ山手の住宅街でしか聞こえてこなかったピアノの音が、団地のそこここからも流れはじめてくるのだ。

こうした中、せっかく買ったピアノやオルガンだが、教えてくれる人間がいない。いきおい埃《ほこり》をかぶってしまうという事態が各地で報告された。この状況を見たヤマハの川上社長は、楽器を教える教室を開くことを思いつく。

１９５４年（昭和29年）、オルガンを対象とした「音楽教室」を立ち上げ、１９５６年（昭和31年）に「ヤマハオルガン教室」と名称を変更。１９５９年（昭和34年）、その名称を「ヤマハ音楽教室」と変更し、楽器演奏だけではなく、ソルフェージュ（基礎訓練）やリズム指導も行った。ピアノやヴァイオリンのお稽古は、基本的にマン・ツー・マンで行うのが常識だった当時、４歳児や5歳児のグループレッスンは画期的なものだったのだ。

販売店の店舗や幼稚園などを教室に利用した「ヤマハ音楽教室」は瞬く間に全国に広がっていった。

ヤマハが導入した画期的なシステムにグレード制がある。イギリスのアソシエイテッド・ボードという音楽検定試験、そして各大学が認定するディプロマという、音楽のスキルを認定するシステムをモデルにした。これにフランスやドイツの音楽検定試験も参考にして、１９６７年（昭和42年）にヤマハ音楽能力検定（ヤマハグレード）がスタートした。これはピアノだけではなく、ヤマハが開発した電子オルガン「エレクトーン」にも導入され、この教室でスキルを身につけた（一定のグレードを取得した）エレクトーンの教師なるものも誕生した。

一方のカワイも１９５６年（昭和31年）に「カワイ音楽教室」を立ち上げた。そして、ヤマハのようにカワイグレードテストも導入。電子オルガン「ドリマトーン」も投入したが、こちらは定着しなかったようだ。

輸出される日本製のピアノ

カワイは河合滋社長の元、１９５７年（昭和32年）に静岡県湖西市にそれまでの本社工場の約10倍近い広さを誇る新居工場を建設するに至る。ここではピアノ用木材の乾燥や加工を行い、続いて建設した舞阪工場ではベルトコンベアを導入しての徹底したオートメーション化を図った。主に手作業でピアノ製作を行っていた旧・本社工場での月産が60台程度だったが、１９６３年（昭和38年）には月産約２７７０台になった。

１９５９年（昭和34年）には既存の楽器店に委託してピアノを販売するのではなく、直営店舗を全国に展開。翌１９６０年（昭和35年）から「月掛予約制度」を導入した。これは現在のようにクレジットカードが一般的ではなかった当時、毎月一定額を積み立てて前払いをしてもらい、定価より安い価格でピアノを販売するシステムである。ミシンの予約販売を参考にしたという。１９６３年（昭和38年）には、銀行と提携して「ピアノ・ローン」を導入。これは消費者に「高嶺の花」だったピアノを手に入りやすくした。工場も量産体制に入っているからどんどんピアノは作れる。河合滋のビジネスの才能の一端を見る思いがする。

１９２２年（大正11年）に静岡県舞阪町で生まれた河合滋は、陸軍士官学校を卒業後、河合小市の次女・まさ子と結婚。この際、河合家に婿入りし、河合楽器に入社。数年後には、代表取締役として会社を動かしていた。

有名ピアニストが自社製品を演奏したりコメントする様子を広告に載せてプロモーション

を仕かけるヤマハ、販売網や販売システムを工夫して売り上げを伸ばすカワイ。

ほどなく、ヤマハも１９６３年（昭和38年）に浜松市内に西山工場、１９６５年（昭和40年）に掛川工場を立ち上げ、ベルトコンベアによる大量生産をスタートした。すると鉄骨フレームの生産が間に合わなくなり、１９６６年（昭和41年）に鋳造専門の磐田工場を建設した。これにより、１９５０年（昭和25年）には年産約２６４０台だったピアノ生産台数が、１９７０年（昭和45年）には約21万台にまで伸びた。

ヤマハは１９５８年（昭和33年）にメキシコ、１９６０年（昭和35年）にアメリカへ、それぞれ現地法人を設立。メキシコではオートバイの組立販売がメインで並行して楽器の販売も行っていた。アメリカでは学校関係者に営業をかけ、ロサンゼルス、サンフランシスコ、フィラデルフィアの教育委員会、スタンフォード大学、カリフォルニア大学、インディアナ大学、ミシガン大学などにヤマハのピアノは納入されたのだ。また、ニューヨークのヒルトンホテルにも19台のピアノが納入され、アメリカでも一定のブランド・イメージを築きつつあった。

ヤマハのピアノの輸出台数が約１万台を超えた１９６４年（昭和39年）には、ヤマハ音楽教室までアメリカへ輸出した。ハード&ソフト両面からアプローチする作戦は功を奏した。

１９６３年（昭和38年）にはカワイもアメリカに現地法人を設立し、１９６５年（昭和40年）にはボールドウィン社と提携してボールドウィン社の専用モデルを生産するようになった。いわゆるＯＥＭ生産（自社ブランドを名乗らず他社製品を生産すること）である（１９９１年にスタインウェイが立ち上げたセカンド・ブランドのボストン・ピアノのＯＥＭ生産もカワイは手がけることになる）。

アメリカでブレイクしたのをきっかけに、カナダ、ヨーロッパ、アジア、アフリカへ販路を拡大し、カワイも１９７１年（昭和46年）にはピアノの輸出台数が約1万台を超えた。

１９６７年（昭和42年）にはヤマハはフラグシップモデルの「ＣＦ」を誕生させ、１９８０年（昭和55年）にカワイは「Shigeru Kawai ピアノ研究所」を設立。両者とも生産量を伸ばす一方、さらなるコンサート・グランドピアノの可能性を追求する態勢に入っていた。しかし、飛ぶ鳥を落とす勢いだった両社のピアノ生産だが、とある政治的なトピックが水を差すことになる。

１９８５年（昭和60年）のプラザ合意である。

これにより、各国のドル安誘導による慢性的な円高が進行しつつあった。国内で生産した製品を輸出してもあまり利益が上がらなくなったのだ。時を前後して、ヤマハもカワイも生産拠点を海外に置くようになった。両社とも、高級ピアノ（コンサート・グランドピアノ）の生産ラインを国内に残して。

ちょうどその頃、ベビーブーマーたち（団塊の世代・１９４７年〜１９４９年生まれ）が産み落としたたくさんの子供たちが、どんどん成長していた。思い思いにピアノを弾いたり、ギターを弾いたり、野球をしたり、テレビのアニメを夢中で見ていたりする大勢の子供たちだ。

１９８０年代に入ってピアノ生産が円熟期に入った頃、楽器メーカーではないカシオ計算機が「カシオトーン」という49鍵の鍵盤楽器を売り出した。１９８０年（昭和55年）１月のことだ。10万円以下で楽しめる電子キーボードの登場である。安い、調律がいらない、家電量販店ですぐ買える電子キーボードは、ピアノはハードルが高いしなぁと思っていた多くの消費者のニーズに応えるかたちで大ヒットした。とりわけ幼児を持つ、ピアノやエレクトーンを買おうとしていた親の層によく売れた。最初から大きくて鍵盤の多いエレクトーンを買わなくてもいいじゃないか、と。

同じ１９８０年（昭和55年）の12月に、ヤマハも「ポータサウンド」を市場に投入する。こちらは32鍵、34鍵、44鍵とコンパクトなモデルを揃え、もっとも安いものが２万円台で売り出された。

さらには、１９７０年代から電子鍵盤楽器の開発にも着手していたヤマハが、１９８３年（昭和58年）に電子ピアノ「クラビノーバ」とデジタル・シンセサイザーの「ＤＸ７」という２種類の画期的な電子鍵盤楽器を発売する。

ＦＭ音源を搭載したこの電子鍵盤楽器は、それまで音楽教室などで楽器に親しんでいた消費者を２つのグループに分けた。前者（クラビノーバ）はしっかりとアップライトピアノを買って家庭でピアノのレッスンをしたいのだけれど、住宅事情が許さない、かといってエレクトーンではちょっと違う（ポータサウンドも違う）、というグループ、後者（ＤＸ７）は何もクラシックだけが音楽じゃないんじゃないの、というグループだ。

各社、すでに電子ピアノを発売していたが、クラビノーバはピアノ初心者には十分なスペックを備えていて調律もいらない、鍵盤もピアノのように重い、音もいいという本格派なのに20万円以下で買えるのが魅力だった。クラビノーバは頭打ちになっていたエレクトーンの売り上げを補うヒットになった。競合するカワイやローランドも同価格帯の電子ピアノを発売した（わが家のリビングにもクラビノーバのＣＬＰシリーズがある）。

そして、ＤＸ７だ。このデジタル・シンセサイザーは世界的なヒットを記録した。80年代のミュージック・シーンを大きく変えた名器なのだ。

ここで少し、寄り道にお付き合い願いたい。１９８０年代前半の大阪である。

ＤＸ７がミュージック・シーンを変えた

私は大阪芸術大学に通っていた。１９８２年（昭和57年）～１９８６年（昭和61年）である。私は創作考房（多分、瀧口修造の「実験工房」の真似をしたんだと思う）という文芸サークルに入っていた。サークルのひとつ後輩・谷崎テトラ（現・京都芸術大学客員教授）が、１９８３年（昭和58年）にさっそくＤＸ７を買った。そして、モーツァルテユーゲントという音楽ユニットを立ち上げた。そのユニットで、いくつかの学園祭のライヴに出演した。メンバーは谷崎、ウニタマドカ、私の３人。谷崎はＤＸ７、テナー・サックス、ウニタはピアノ、私はエレクトリック・ギター、エレクトリック・ベース、ドラム。セットリストは、たとえばエリック・サティの曲だったり、もっと実験音楽っぽいものだったり（我々のアイドルは高橋悠治だったのだ）、フリージャズっぽいものも演奏した。とにかく人と同じようなことはしたくなかったのだ。

もちろん、まわりにはザ・フーの《サマータイム・ブルース》みたいな曲を「イェーイ！」とばかりにゴキゲンに演奏するようなロック小僧も多かった。そんな連中は軽音楽部へ入っていた。私のまわりの友人たちはそんな連中をばかにしていた。

谷崎テトラはジャズ研究会にも入っていて、そこには関西で活動しているジャズ・ピアニストの清水武志もいた。しみやん（清水）はそうでもなかったが、ほかの連中は「お前みたいなダサいやつがおれに話しかけてくんな！」というような目つきで他人を見ていた。いつもピリピリしていたのだ。

聴いている音楽は、クラシックだったり、ジャズだったり、ブリティッシュ・ロックだったり、ノイバウテンだのノイズ・ミュージックだのと騒いでいたり、てんでバラバラだったのだけれど、不思議と坂本龍一の《戦場のメリークリスマス》（サントラ盤）はみんな聴いていた。私も、谷崎テトラも、池田爆発郎（現・東京工芸大学教授）もみんな聴いていた。

池田爆発郎はソフトというニューウェーブ系のバンドを組んでいた。ソフトのギタリストは、《虹の都へ》や《ベステン ダンク》のヒット曲でおなじみの高野寛だ。

思い返せば、モーツァルテユーゲントのライヴだと当日いきなりスコアを渡され、これ弾いてよといわれることが多かった。本番前にちょちょっと合わせてライヴ本番。そんな感じだった。谷崎もウニタ（彼女の音楽学科専用のアパートの個室にはアップライトよりも音がいいという理由でヤマハのグランドピアノが置かれていた）もヤマハ音楽教室の出身者だったのだ。エレクトーンの先生の資格を持っている、という友人もけっこういた。これは、音楽学科以外の学科の生徒に多かった。ヤマハの「ポプコン」に出た友人もいる。

このように、ヤマハやカワイの音楽教室で音楽の初歩を学んだ者たちが「ピアニストになる」というオプションに縛られることなく、ＤＸ７やほかの楽器を手にして自由に音楽を創っていたのだ。クラシック音楽じゃなくても自由に表現していいんだよねと。多様性を獲得していたといってもいい。

映画を撮っている連中は、やれヌーベルバーグだの、やれ『天井桟敷の人々』だの、やれ『旅芸人の記録』だのと騒いでいた。みんなトンガっていたのだ。

交流はないが、当時の大阪芸術大学には映像計画学科に庵野秀明や橋口亮輔がいたし、写真学科には所幸則、舞台芸術学科には渡辺いっけい、筧《かけい》利夫、古田新太《あらた》、ほかにも漫画家の島本和彦や士郎正宗もいた。交流はないけど。

ともかく、音楽に限らず何かを創りたいと思う人間には刺激的な環境だった。

芸大なのに、クラシック音楽の世界に飛び込んだやつはいないのかって？

演奏学科ピアノコースの松前真奈美は、当時スクリャービンやプロコフィエフをばりばり弾いていた。けれど、（後から聞くと）ピアニストへの道を進まずに、卒業後はゲーム会社のカプコンへ入社したらしい。カプコンでは『ロックマン』シリーズ、フリーになってからは『ダービースタリオン』シリーズや『ドラゴンクエストソード 仮面の女王と鏡の塔』の音楽を手がけた。ゲーム音楽では知る人ぞ知る作曲家になった。

今や海外でも有名人だ。

そういえばサークルの後輩の石本くんがＮＨＫホールにホロヴィッツを見に行って、えらくがっかりして帰って来たことがあった。１９８３年（昭和58年）のことだった。

ヤマハのマスタークラス誕生

１９８８年（昭和63年）、ヤマハ（ヤマハ音楽振興会）は念願のマスタークラスを開設する。

この「ヤマハマスタークラス」は、チェリストのムスティスラフ・ロストロポーヴィチがモスクワ音楽院付属中央音楽学校のような早期教育の必要性を提唱して実現した。かつて斎藤秀雄が「子供のための音楽教室」を作ってからちょうど40年後のことである。

マスタークラスのピアノ特別コースは、はっきりと「コース在籍中、国際コンクールジュニア部門のファイナリストに選ばれることを目指します」というスローガンを掲げている。音楽大学の「ピアノ演奏家コース」等よりも具体的だ。

ロストロポーヴィチの紹介で、ヴェラ・ゴルノスタエヴァ（１９２９年、モスクワ生まれ）が講師として招かれた。彼女はモスクワ音楽院のピアノ科の教授である。日本に定住するのではなく、来日時に集中的にレッスンを行うスタイルだ（彼女が留守の間は江口文子と浦壁信二が指導）。

上原彩子（１９８０年、高松生まれ）は小学校３年生の時、第１回のマスタークラスのオーディションを受けて合格した生徒のひとりだ。

ヤマハ音楽教室の講師やピアノの個人レッスンをしていた母親の影響で、上原彩子は３歳からヤマハ音楽教室に通い始めた。当時暮らしていた神戸から岐阜の各務原《かかみがはら》に引っ越したあともピアノ漬けの生活を続け、東京・目黒で行われるマスタークラスには毎回新幹線で通った。

そして、１９９５年（平成７年）、仙台で行われた「若い音楽家のためのチャイコフスキー国際音楽コンクール」で２位になる。この時の１位はラン・ラン（１９８２年、瀋陽生まれ）。

１９９８年（平成10年）のチャイコフスキー・コンクールにチャレンジするも２次予選で敗退。このチャレンジのために彼女は大きな選択をしていた。ピアノの練習時間を確保するために高校を中退したのだ。そして、音楽大学には進学せず、ヤマハマスタークラスでそのまま研鑽を積むという選択をした。なんという戦略的なチョイス。

２０００年（平成12年）にはシドニー国際ピアノコンクールと浜松国際ピアノコンクールで２位に入ったが、本人は「やはり一位でないとだめだ。一位と二位の差は大きい！」（『指先から、世界とつながる』上原彩子）と痛感し、２００２年（平成14年）のチャイコフスキー・コンクールに再度挑戦。見事１位に輝いた。同コンクールのピアノ部門で優勝したのは日本人初である。

さらにいうと、コンクールで彼女が弾いたのはヤマハのコンサート・グランドピアノ「ＮＥＷ ＣＦ ⅢＳ」である（ヤマハが国産ピアノ第１号を製作してからちょうど１００年というアニバーサリーイヤーでもある）。

それから彼女はまた大きな選択をする（選択というより決断か）。チャイコン優勝によって国内外からの演奏依頼が殺到しているさなか、突然結婚をするのだ（２００５年）。しかもすでに妊娠していたという。チャイコフスキー・コンクールの審査委員長からは「5年は結婚せず、10年は子供を産まないように」といわれていたのもかかわらず、である。

「結婚をして子供ができ、自分と違う意見を持つ人間とはじめて向き合った」

この頃の心境を、上原彩子はＮＨＫのラジオ番組でこう語っていた。それまではオーケストラや共演者のいうこともあまり聞かなかったらしい。

そしてソリストとしての苦悩も吐露している。

「舞台に上がるとピアニストとしてだけではなく、丸裸になる。人間性まで見られてしまう」

つまりは、ピアノの音は単なる楽音ではなく、ピアニストのパーソナリティそのものが発露してしまうのだ。

このことは中村紘子が『ピアニストだって冒険する』の中で指摘している。

「九四年に『第二回浜松国際ピアノコンクール』に初めて審査員として参加し、日本人参加者と欧米そしてロシアの参加者たちとの間に歴然とした違いがあるのを確認して、内心ショックを受けた。そのはっきりとした違いとは、一言に言えば、『響きが無い』に尽きるだろうか。この『響き』とは、音の大小、強さのことではない。そこにこめられた奏者の率直な想いや息吹、思想や宇宙、要するにつきつめて言えば、その人を育んできた『文化』のことに他ならない」

そんな上原彩子だが、２０１８年（平成30年）には東京藝大ジュニア・アカデミー（東京藝術大学音楽学部早期教育リサーチセンター。２０１７年に開校）の准教授に就任し、３人の子供を育てながら中学生の指導も行っている。

午前中は子供の運動会に出て、午後、演奏会でピアノを弾いたこともあるという。かつて安川加壽子が、演奏会でピアノを弾いたあと急いで帰宅し、赤ちゃんのおむつを取り替えていたというエピソードを思い出した。ひょっとして上原彩子は、安川加壽子や中村紘子と並ぶ、日本のピアノ界のフラグシップ（旗艦）のような、そんな存在になるかもしれない。

このヤマハマスタークラスからは、園田高弘賞ピアノコンクール（１９９８年）で１位、ブゾーニ国際ピアノコンクール（２０００年）で6位に入った鈴木弘尚（１９７８年、所沢生まれ）のほか、ゲッティンゲン国際ショパンコンクール（１９９５年）とマリエンバート国際ショパンコンクール（１９９９年）、マリア・カナルス国際音楽コンクール（２００１年）すべてで１位に入った三浦友理枝（１９８１年、東京生まれ）、リーズ国際ピアノコンクール（２０２１年）で2位になった小林海都（１９９５年、横浜生まれ）らが育っている。

カワイのロシアン・ピアノスクール

２００３年（平成15年）にカワイ（カワイ音楽振興会）も「ロシアン・ピアノスクール」を立ち上げた。講師には、モスクワ音楽院の重鎮セルゲイ・ドレンスキー（１９３１年、モスクワ生まれ）を招いた。ドレンスキー門下には、ニコライ・ルガンスキー（１９７２年、モスクワ生まれ）、デニス・マツーエフ（１９７５年、イルクーツク生まれ）、スタニスラフ・ブーニン（１９６６年、モスクワ生まれ）、清塚信也（１９８２年、東京生まれ）等がいる。

毎年８月に行われているこのマスタークラスは、ドレンスキーのほか、パーヴェル・ネルセシアン（１９６４年、ロシア生まれ）、アンドレイ・ピサレフ（１９６２年、ロシア生まれ）といったモスクワ音楽院で教えている名教師を招いている。

さらには２０１７年（平成29年）、河合楽器・創立90周年を記念して、「Shigeru Kawai 国際ピアノコンクール」を開設。顧問に小林仁、音楽顧問に海老《えび》彰子。小林仁は浜松国際ピアノコンクールの第2回大会でも審査員長を務めた日本ピアノ界の重鎮。海老彰子は２０２１年（令和3年）に開催されたショパン・コンクールで審査員を務めていた。

このコンクールの特徴は、すべての審査で Shigeru Kawai のフルコンサートピアノ〝S

K‐EX〟を使用すること。ファイナルの課題曲が「2台のピアノのための協奏曲」ということ。つまりはオーケストラパートもピアノ、ソロもピアノのピアノづくしである。ピアノメーカーらしいユニークな発想だ。

第1回大会には、1位の三浦謙司（1993年、神戸生まれ）、奨励賞の安並《やすなみ》貴史（1992年、静岡生まれ）と高木竜馬（1992年、千葉生まれ）と、国際的なコンクールで入賞するなど活躍する逸材3人が揃った。

三浦謙司は、スタインウェイ・コンクール・ベルリン（2017年）とマルタ・アルゲリッチが審査委員長を務めたロン＝ティボー・クレスパン国際コンクール（2019年）とで1位。安並貴史も野島稔・よこすかピアノコンクール（2018年）とシューベルト国際コンクール（2021年）で1位。高木竜馬は、ローマ国際ピアノコンクール（2016年）とエドヴァルド・グリーグ国際ピアノコンクール（2018年）などで1位。

1990年代生まれの若手が、国際コンクールでばんばん1位を取ってくる時代なのだ。

こうした国際ピアノコンクールに挑戦して世界的な演奏活動の足がかりにする若いピアニストはどんどん現れてくるが、ヤマハとカワイのお膝元・浜松にもコンクールが誕生する。

浜松国際ピアノコンクールである。

「浜コン」というフラグシップ・コンクール

１９９１年（平成3年）、浜松国際ピアノコンクールがスタートした。３年に１回開催される国際的なピアノコンクールだ。浜松市制80周年を記念しての事業。いわく「楽器と音楽のまちとしての歴史と伝統を誇るにふさわしい国際的文化事業」であると。

第１回大会の審査委員長は安川加壽子。本書に何度も登場するが、日本のピアノ界の重鎮だ。審査員にショパン・コンクールの覇者ダン・タイ・ソン（１９５８年、ハノイ生まれ）やリーズ国際ピアノコンクールの創設者ファニー・ウォーターマン（１９２０年、リーズ生まれ）ら７人の外国人審査員を招いた。１位はのちにマルタ・アルゲリッチとピアノ・デュオを組むことになるセルゲイ・ババヤン（１９６１年、アルメニア生まれ）。

ここまでは、地方都市が税金を使って立ち上げるよくある国際コンクールのひとつに過ぎなかった。

しかし、あの人が悪魔の血の一滴をこのコンクールに注ぎ込んだのだ。

また再びの中村紘子（この人がもしスズキ・メソードでヴァイオリンを習っていたら、日本はヴァイオリン大国になっていただろう）である。

第２回大会（１９９４年）から中村紘子が審査員に加わり、第３回大会（１９９７年）から第７回大会（２００９年）まで審査委員長を務めた。

このバイタリティ溢れる人物が、ショパン・コンクールやチャイコフスキー・コンクールなどの審査委員を務めた経験や運営のノウハウを浜松国際ピアノコンクールに注ぎ込んだ。審査委員の迎え方、レターの内容など細かい部分にも気を配った。浜松を離れている時も、有望な若手ピアニストを見ると「浜コン」を受けてみないかと誘い、旧知のピアノ教師たちにはよい若手ピアニストがいたら「浜松のアカデミー」を受けるように説得した。スポンサーとの折衝、入賞者によるコンサートの企画に至るまで、広い人脈を駆使してこのコンクールをブラッシュアップした。

こうして、１９９８年（平成10年）の国際音楽コンクール世界連盟への加盟の承認にはじまり、第４回大会（２０００年）１位にアレクサンダー・ガヴリリュク（１９８４年、ウクライナ生まれ）、２位に上原彩子、第５回大会（２００３年）２位にラファウ・ブレハッチ（１９８５年、ポーランド生まれ）とアレクサンダー・コブリン（１９８０年、モスクワ生まれ）、第７回大会（２００９年）１位のチョ・ソンジン（１９９４年、ソウル生まれ）と有望なピアニストを続々と生み出すという成果につながった。ラファウ・ブレハッチとチョ・ソンジンはそれぞれ２００５年と２０１５年のショパン・コンクールを制していることを考えると、もはや浜松はワルシャワへの試金石として重要なプレゼンスを獲得したといえる。20世紀の終わりに東洋の隅の島国でスタートしたピアノコンクールである。それだけでも驚きに値するではないか。

そして、「演奏家としての勝負は、10代半ばにかなりな確率で決まってしまう」という中村の持論により、第４回大会（２０００年）からコンクールの年齢制限を上限だけとした。中学生でも参加できるということだ（上限は30歳まで）。

さらには１９９６年（平成８年）から毎年開かれている浜松国際ピアノアカデミーでもコンクール形式での１位を決めていて、ここから巣立ったメンバーが驚く。列挙しますよ。第３回（１９９８年）の清塚信也と小菅優、第５回（２０００年）の上原彩子、第14回（２００９年）のチョ・ソンジン、第16回（２０１２年）の牛田智大、第19回（２０１５年）の高木竜馬、第20回（２０１６年）の藤田真央。その後、みんな名だたる国際コンクールで活躍している。

アカデミーは２０１６年（平成28年）に中村紘子が他界したため翌年の第21回で中止になっていたが、２０２１年（令和３年）より小川典子を音楽監督に迎え、再開した。小川は中村紘子のジュリアード音楽院の後輩にあたる。

日本にはそれまでいくつもの国際コンクールが立ち上がったが、浜松国際ピアノコンクールほどメジャーになったコンクールはなかった。第２回大会から使われているアクトシティ浜松の大ホールはサントリーホールのように日本を代表する音楽の聖地になりつつある。

そのアクトシティに数年間、毎回東京から通い続けた小説家がいる。恩田陸《りく》である。彼女は３つの大会のほぼ全参加者の演奏を聴いたそうだ。幻冬舎の担当編集者Ｓさんはそのたびに全経費を出し続けた。「初版１万５０００部が売れても赤字は１０００万円を超える状況」だったとＳさんはいう。

その成果が、直木三十五賞を受賞した小説『蜜蜂と遠雷』である。

明治時代、浜松尋常小学校の初代校長・和田正弐が「唱歌の授業にはオルガンが必要である」といって周囲の反対を押し切りオルガンを購入しなかったら……そのオルガンをたまたま浜松に滞在していたフリーのエンジニア山葉寅楠が修理していなかったら……浜松は今のような「楽器と音楽のまち」ではなかったかもしれないし、浜コンは京都コンになっていたかもしれない。

それが今や日本を代表するフラグシップ・コンクールになったのだから、歴史の偶然は面白い。

第4章

ロンドン、ベルリン、あるいはヘルシンキ——海外で活躍するピアニスト

大英帝国勲章「デイム」を持つピアニスト

この章は、多くのリスペクトと羨望の念を込めて内田光子（１９４８年、熱海生まれ）の話から始めよう。

戦後すぐの頃、確かにこの人は日本にいた。お茶の水女子大学附属小学校に通いながら、「子供のための音楽教室」でピアノを学んでいたのだ。そして12歳で渡欧。それから、一時帰国はするものの日本に住むことはなかった。

父・内田藤雄は東京帝国大学法学部卒の外交官。彼が駐オーストリア大使に赴任した１９６１年（昭和36年）、彼女はウィーン音楽院に入学。リヒャルト・ハウザー（１９０９年、ウィーン生まれ）に師事。父・藤雄は１９６５年（昭和40年）より駐西ドイツ大使に就任し、１９７０年（昭和45年）に退官して帰国の途につくが、内田光子はそのまま欧州の地にとどまった。

それからアルトゥーロ・ベネデッティ・ミケランジェリやヴィルヘルム・ケンプ、ニキタ・マガロフ（１９１２年、サンクトペテルブルク生まれ）らに師事。

１９６６年（昭和41年）のミュンヘン国際音楽コンクール３位を皮切りに、１９６９年

（昭和44年）のウィーン・ベートーヴェン国際ピアノコンクール1位、１９７０年（昭和45年）のショパン・コンクール2位と名だたるコンクールで好成績を残す。

１９７１年（昭和46年）にウィグモア・ホールでロンドン・デビューを果たすと、１９７２年（昭和47年）よりロンドンに拠点を移した。１９７５年（昭和50年）にはリーズ国際ピアノコンクール2位、１９７６年（昭和51年）にレーヴェントリット国際コンクール2位と派手なアクティビティを展開しているように見えるが、１９８２年（昭和57年）の「モーツアルト・ピアノソナタ連続演奏会」（ウィグモア・ホール）の成功までレコード契約のチャンスを待たなければならなかった（マルタ・アルゲリッチは10代でジュネーヴのコンクールを制してすぐにドイツ・グラモフォンから契約オファーを貰っているのに……）。

こうしてフィリップス（現・ＤＥＣＣＡ）と専属契約した内田は、翌１９８３年（昭和58年）からモーツァルトのピアノ・ソナタの全曲録音をスタートさせた。

80年代、海外のレコードショップをのぞいて見つかる日本人アーティストのレコードは、小澤征爾と内田光子くらいだったという（アメリカには五嶋みどりのレコードも）。それくらい我々にとって内田光子の存在は特別だったのだ。

それから彼女はモーツァルトのピアノ協奏曲の弾き振りの演奏会をスタートさせる一方で、

ジェフリー・テイト指揮／イギリス室内管弦楽団とモーツァルトのピアノ協奏曲の全曲録音を行った。

そして、内田は「死ぬ時にはシューベルトを弾いていたい」と語るシューベルト・チクルスに取りかかった。

かつてフリードリヒ・グルダ（１９３０年、ウィーン生まれ）もこんなことを語っていた。

「シューベルトの作品の根底には、ウィーン人にしか本質を理解できない、微笑みながら自殺するといった感覚が流れている。これらの作品を録音しながら、私は幾度も涙をこぼしそうになり、無事終わった時は命を落とさずに済んだことに安堵した」

内田光子もこう語っている。

「モーツァルトの音楽には、人間はどう動くのか、人間同士の関係、人間の奥に潜む心といった『人間世界』がある。シューベルトの場合は『だんだん消えていく魂』。そうしたものに、近づいていきたいという。どの作曲家にも正直に向き合おう、と。ただそれだけです」

(SankeiBiz)

そして、内田はベートーヴェンの魂とも向き合うことになる。珠玉の《後期ピアノ・ソナタ集》、そして《ピアノ協奏曲全集》はクルト・ザンデルリング指揮／ロイヤル・コンセルトヘボウ管弦楽団ほかとサイモン・ラトル指揮／ベルリン・フィルハーモニー管弦楽団と録音している。

彼女は何のためにピアノを弾いているのか――。

スコアを通してモーツァルト、シューベルト、バッハ、ベートーヴェンなど偉大なる作曲家の魂と向き合うためだ。作曲家がいてピアニストがいる、というスタンス。

そんなことどのピアニストだってやってるさ、とか、それじゃあ私がピアノを弾く意味がないじゃないか、という声が聞こえてきそうだが、ほんとうにそうだろうか。

舘野泉はこんなことを語っている。

「自己主張は好きじゃありません。作品と対峙したり、対決したりするのも好きじゃない。本来、ピアニストは職人のように無名でいい。作品によって無名性にいたることが僕の望みです。無名になることによって、本当のことが見えてきます」（『絶望している暇はない』舘野泉）

清水和音《かずね》（１９６０年、東京生まれ）もかく語りき。

「演奏家はまず、作曲家以上にならないようにしなければ。才能だとか、そういうことではなくて、自分が前に出ようとしないようにしないといけない。ベートーヴェンやショパンよ

りもピアニスト個人が聞こえてきたら、それはやはり違うよ」（『ピアニストを生きる――清水和音の思想』清水和音・青澤隆明）

舘野泉や清水和音のピアノを聴くと、ピアノ音楽はいいなぁと思う。清々しい気持ちになるのだ。この境地に至ったピアニストは数少ないし、こんな音を出せる人も少ない。

内田光子もそうだ。彼女のモーツァルトの音楽は美しいなぁと素直に思える。

現在、内田光子はイギリス国籍を取得し、大英帝国勲章「デイム」を授けられた（２００９年）。２０２１年（令和3年）には「ウィグモア・ホール・メダル」も授与されている。日本で演奏会がある時は、日本に来る、という感覚だ。

舘野泉もそんなふうにヘルシンキと東京を行き来している。

次は、舘野泉の話だ。

ヘルシンキに根を下ろした舘野泉

絵に描いたような音楽一家である。

父・舘野弘はチェリスト、母・舘野光《みつ》はピアニスト、弟・舘野英司はチェリスト、妹・鍋島晶子と広瀬悠子はヴァイオリニストとピアニスト、妻のマリア・ホロパイネンはソプラノ歌手、息子・ヤンネ舘野はヴァイオリニスト。

このように、舘野泉は生まれた時から身近に音楽がある、という環境にいた。

慶應義塾普通部（中学）、慶應義塾高校から東京藝術大学に進む。レオニード・コハンスキ、安川加壽子らに師事。

東京藝術大学を首席で卒業後、１９６４年（昭和39年）、フィンランドのヘルシンキに飛んだ。その理由は「住んでみたかったから」。ノルウェーのマリー・ハムズンやスウェーデンのセルマ・ラーゲルレーヴといった作家に親しみ北欧文学への憧れがあったという。北欧の音楽ではなく、土地に関心があったというのが面白い。

それから舘野はたびたび帰国したり欧米各地へ飛んで演奏活動をしながらも、ずっとヘルシンキに暮らす。

１９６８年（昭和43年）、メシアン・コンクールで2位になり、シベリウス・アカデミーの教授に就任。シベリウスからノルドグレンまで、北欧の近現代の作曲家の作品を多く手がけてきた。

私はフィンランディアというレーベルから出ていたブラームスの作品集で舘野のブラーム

スをよく聴いた。舘野をはじめフィンランドの音楽家たちが奏でるブラームスは、不思議な透明感があるブラームスだった。

２００２年（平成14年）１月、フィンランドのタンペレという街での演奏会で舘野は思わぬアクシデントに襲われる。

「最後の曲を弾いていると、突然、右手の運びが遅れだし、そのうちに空回りして動かなくなった。それでも動くほうの左手で、なんとか最後まで弾き終え、立ち上がってお辞儀をした。そして、立ち去ろうと、二、三歩、歩いたところで倒れ込んでしまったのです。脳溢血でした」（『絶望している暇はない』舘野泉）

脳溢血で倒れたことにより右半身に麻痺が残った。

１ヶ月は寝たきり、２ヶ月目からリハビリがスタートした。

「リハビリに苦労したという実感もないし、つらくもなかったのだけど、新聞や雑誌のインタビュー記事で『つらい体験だった』と書かれてしまう。『苦労を乗り越えて復活した』というほうが、ドラマチックだし、皆、リハビリはつらいものと思い込んでいるのかもしれないけれど、実際は、そんなことなかった。僕は本当に、リハビリが楽しかったの。だってすべてがまさに『はじめての体験』だったんだから」（『絶望している暇はない』）

２００２年（平成14年）夏、フィンランド北西部で開かれる自らが立ち上げたオウルンサロ音楽祭で、彼の親友でチェリストのエルッキ・ラウティオ（１９３１年、ヘルシンキ生まれ）の伴奏のピアノを両手で少しだけ弾いた。聴衆は皆感動して泣いていたが自分では情けなかったという。その音楽祭で日本から招いていた小山実稚恵がスクリャービンの《左手のためのノクターン》を弾いた。ただ、この時はまだ左手でピアノを弾く、という意思が明確にあったわけではない。

アクシデントから1年以上過ぎた頃、ヴァイオリニストの長男・舘野ヤンネがフランク・ブリッジ（１８７９年、ブライトン生まれ）の《左手のための三つのインプロヴィゼーション》のスコアのコピーをピアノの上に置いていった。そのスコアを読み、ピアノで弾いてみた時、「左手一本で弾いているのに、音が立ち上がってきた」という。

左手だけでも音楽ができると気づいた舘野は、「左手の文庫」という募金を設立し、世界中の作曲家――ノルドグレン、林光、一柳《いちやなぎ》慧《とし》ら――に「左手の曲」を依頼した。できあがった曲は80曲以上になった。

こうして舘野泉は、左手のピアニストとして復活を遂げた。

優雅で軽やかな彼の生き方に憧れる人は多い。もちろん私もそのひとりだ。

フジコ・ヘミングの軌跡

舘野泉がヘルシンキで活躍している同じ頃、ヨーロッパの片隅でひっそりとピアノを教えながら暮らしていたピアニストがいる。フジコ・ヘミングである。

フジコの父親はスウェーデン人の画家・建築家ヨスタ・ゲオルギー・ヘミング。母親・大月投網子《とあこ》（１９０３年生まれ）は東京音楽学校出身でベルリンに留学経験のあるピアニスト。弟は俳優の大月ウルフ。ヨーロッパで出会って結婚した両親とともに5歳で帰国したフジコだったが、日本の水に合わず父親は帰国してしまう。そのせいで、スウェーデン国籍を持っていたフジコは国籍を失い、無国籍に。さらには16歳の時、中耳炎をこじらせて右耳の聴力を失った。

音楽の神様は彼女にピアニストとしての才能を与える代わりに、多くのものも奪ったのだ。

１９５０年（昭和25年）それでもフジコは東京藝術大学に入学し（小学生時代から）引き続きクロイツァーに師事した。１９５４年（昭和29年）の日本音楽コンクールで2位に入るが、母親からことあるごとに「バカだ、バカだ」「今のおまえのピアノはピアノじゃない」と罵声を浴びせられていたフジコは、彼女（今風にいうと毒親傾向の強いお母上だ）から逃れるように、そして周囲から奇異の目で見られる「ハーフという境遇」から逃げるようにヨーロッパへと旅立つ（駐日ドイツ大使の尽力により難民パスポートで出国できたのだ）。

晴れてベルリン音楽大学に留学したが、それから長い長い不遇の時代を過ごすことになる。

もちろん、目の前にチャンスが巡ってくることは何度かあった。

たとえば、ベルリンではヘルベルト・フォン・カラヤンに会ってピアノを聴いてもらうチャンスを得たり（この時は尻込みをしてピアノを弾いていない）、パウル・バドゥラ＝スコダ（１９２７年、ウィーン生まれ）に師事するために移り住んだウィーンでは、レナード・バーンスタイン（１９１８年、マサチューセッツ生まれ）にピアノを聴いてもらってウィーンでリサイタルを開くチャンスをもらった。が、風邪による高熱で左耳の聴力を失い、そのリサイタルは成功しなかった。

彼女は何と闘っていたのか。貧困？　差別？　母親？　彼女に舘野泉のようなヘビーデューティな精神が備わっていたなら……。

１９７１年（昭和46年）、フジコは父親の母国スウェーデンのストックホルムに移った。

当地のアカデミーでピアノ教師の資格を得た。左耳だけ聴力が回復していたのだ。父親に会うことはできなかった。が、当地にいる親戚がかけ合ってスウェーデン国籍を得ることができた。

高度成長に沸く日本ではヤマハやカワイのピアノ輸出台数がそれぞれ1万台を超え、内田光子がウィグモア・ホールでリサイタルを開いたりしていた頃、フジコはやっと国籍を取り戻したのだ。5歳で失った国籍を40歳で取り戻したということだ（父親に会うことはできなかったけれど……）。

同じ時期、隣国フィンランドで舘野泉が活躍していたことは彼女の耳に入っていたのだろうか。ともに才能溢れるピアニストなのに、何が同じで何が違うのか――。

国籍を取ってしばらく経ち、ふと母親の顔が見たくなって日本に帰国した。

待っていたのは母親・大月投網子のこんな言葉だ。

「あなたが活躍する場はないわ。日本にはたくさんの有名なピアニストがいるのよ。ドイツへ行ったって、あなたのことなんか、少しもこっちに届いてこないじゃないの、悪い噂しか。有名にならなかったわね。それはね、あなたにどっか悪いところがあるからなのよ」（『フジコ・ヘミング　魂のピアニスト』フジコ・ヘミング）

相変わらずのお母上だ。こうしてフジコは失意のうちに住み慣れたドイツへ帰った。

それから彼女はドイツ各地でピアノを教えて暮らしていた。随分、長い間。たくさんの猫や捨て犬と一緒に。時折行うリサイタルでは概《おおむ》ねよい評価を得るのだけれど、だからといって、すぐにニューヨークやロンドンから話が来るわけもない。15年間働けばドイツで年金がもらえるから、それまではこの仕事をしようと彼女は思っていた。

突然、病気で入院していた母親から国際電話が入った。生命の危険はないと聞かされていたので帰国することはなかったが、その1週間後に彼女は亡くなった。電話があってすぐに帰国しなかった自分を悔やんだ。けれど、フジコが久々に日本の土を踏むのは、さらに2年後だった。1995年（平成7年）のことだ。

帰国後、母校の奏楽堂でリサイタルを開いた。東京藝術大学時代の友人や知人が彼女のために尽力したのだ。

トリガーとなったのはテレビのドキュメンタリー番組だった。

1999年（平成11年）、NHKの『ETV特集』が彼女のことを取り上げた。「フジコ～あるピアニストの軌跡～」とタイトルがついたその番組を見て、多くの視聴者が彼女のリサイタルに足を運んだ。チケットは完売になった。とりわけリストの《ラ・カンパネラ》は彼女の代名詞となり、その曲を含むデビューCD《奇蹟のカンパネラ》は200万枚を超えるヒットになった。

このＣＤをリリースしたビクターエンタテインメント、ＤＥＣＣＡを経て、２０１２年（平成24年）には自主レーベル「ダギーレーベル」を設立。文字どおりチケットの取れないピアニストのひとりになった。

このまま平凡なピアノ教師のままで終わりたくない――。

彼女のそんな思いが音楽の神様を動かしたのだ。

フジコ・ヘミングは、誰からもすっかり見放されたような長い時間を経て、やっと人生を取り戻した。

海外で育ったピアニストたち

内田光子がウィーンへ渡ったのが12歳、原智恵子がパリへ渡ったのは13歳。もっと幼い頃に家族とヨーロッパに渡り、そのまま当地のアカデミーに学び、ピアニストになった人も大勢いる。

たとえば、パリへ渡った安川加壽子、スペインへ渡った熊本マリ（１９６４年、東京生まれ）、父親の仕事の関係で幼い頃にアメリカへ渡った仲道郁代（１９６３年、仙台生まれ）と仲道祐子（１９６７年、浜松生まれ）の姉妹、小学校時代をニューヨークで過ごした三舩優子（１９６６年、東京生まれ）、ドイツに渡りその後パリへ移住した児玉麻里（１９６７年、大阪生まれ）と児玉桃（１９７２年、大阪生まれ）の姉妹、ドイツへ渡った河村尚子《ひさこ》（１９８１年、西宮生まれ）、母親の母国ハンガリーへ渡った金子三勇士、ドイツに渡った小菅優、モスクワに渡った松田華音《かのん》（１９９６年、高松生まれ）といったピアニストだ。

　熊本マリは５歳からピアノをはじめ、10歳でスペインに移住。１９７５年（昭和50年）よりマドリード音楽院でホアキン・ソリアーノ（１９４１年、スペイン生まれ）に師事したのち、スペイン青少年音楽コンクールで１位に。１９８２年（昭和57年）にはジュリアード音楽院に入学、１９８５年（昭和60年）からは英国王立音楽院で学んだ。１９８６年（昭和61年）、同音楽院を卒業し、帰国。１９９１年（平成３年）、スペインの作曲家フェデリコ・モンポウ（１８９３年、バルセロナ生まれ）の《ピアノ曲全集》を録音。１９９３年（平成５年）には、モンポウの伝記『ひそやかな音楽』を翻訳するなどスペイン音楽を活動の中心に据えている。近年は国際コンクールの審査員を務めたり、テレビ・ラジオに出演する機会も多い。

　アメリカでウラディミール・ホロヴィッツの生演奏を聴いたという仲道郁代は、帰国後、桐朋女子高校から桐朋学園大学へ進み、在学中に日本音楽コンクールで１位になった。１９

８５年（昭和60年）には同大学を中退して、ミュンヘン音楽大学に留学。１９８６年（昭和61年）のジュネーヴ国際音楽コンクールで3位、１９８７年（昭和62年）のメンデルスゾーン・コンクールで1位、エリザベート王妃国際音楽コンクールで5位に入るなど、国際コンクールで好成績をおさめている。近年は、ベートーヴェン《ピアノ・ソナタ》全曲演奏に取り組む一方、「仲道郁代の音楽学校」「絵とお話とピアノでつづる〝星のどうぶつたち〟」など、さまざまなプロジェクトも展開している。

　仲道祐子も帰国して桐朋女子高校へ入学。卒業後はドイツへ渡りクラウス・シルデ（１９２６年、ドレスデン生まれ）に師事。ミュンヘン音楽大学と同大学院に学ぶ。マリア・カナルス国際音楽コンクール２位、ロベール・カサドシュ国際ピアノコンクール３位など、国際コンクールでの入賞歴も多い。国内外のオーケストラとの共演のほか、姉・郁代とのピアノ・デュオ「仲道デュオ」や室内楽など幅広い活動を行っている。

　12歳でアメリカから帰国した三舩優子は井口秋子、奥村洋子、安川加壽子に師事。桐朋学園大学に入学して首席で卒業した。彼女もまた在学中に日本音楽コンクールで1位に。１９９０年（平成2年）には再びニューヨークへ。ジュリアード音楽院に入学し、フリーナ・アワーバック国際ピアノコンクール、ジュリアード・ソリストオーディションで1位を得て帰国。日本人離れしたタッチと音色を持つゴージャスなピアニストのひとりだ。

児玉麻里は14歳で、児玉桃は13歳でパリ音楽院に入学し、ともにジェルメーヌ・ムニエ（１９２０年、フランス生まれ）に師事。児玉麻里の夫は指揮者のケント・ナガノ（１９５１年、バークレー生まれ）、娘のカリン・ケイ・ナガノ（１９９８年、バークレー生まれ）もピアニスト。児玉麻里はベートーヴェンの《ピアノ・ソナタ全集》、ケント・ナガノ指揮／ベルリン・ドイツ交響楽団との《ピアノ協奏曲全集》を完成させた。この全集は《ピアノ協奏曲第０番》と《ピアノと管弦楽のためのロンド》等を収録した意欲作だ。

ミュンヘン国際音楽コンクール（１９９１年）で２位に入った児玉桃は、多彩なドビュッシー録音やメシアン、武満徹など現代音楽の録音もある。

２人ともに「ラ・フォル・ジュルネ・オ・ジャポン」の常連なので生演奏をご覧になった方も多いと思う。

河村尚子は、芯のある音と強靱なテクニックの持ち主。抒情性もあり、時に歌い、ドイツの巨匠のピアノを聴いているような錯覚を聴く者に起こさせる。ハノーファー国立芸術音楽大学でウラジミール・クライネフ（１９４４年、クラスノヤルスク生まれ）に師事。２００６年（平成18年）のミュンヘン国際音楽コンクールで２位、２００７年（平成19年）のクララ・

ハスキル国際ピアノコンクール１位など国際コンクール入賞も多い。

金子三勇士もバルトーク音楽小学校でチェ・ナジュ・タマーシュネーに師事。それから11歳でリスト音楽院に飛び級入学し、16歳で全課程を取得して帰国したという〝天才少年〟エピソードを持つ。東京音楽大学附属高校から同大学を首席で卒業。同大学院も修了。清水和音らに師事した。２００８年（平成20年）にはバルトーク国際ピアノコンクールで１位。リストなどハンガリーものを中心に幅広いレパートリーがある。ステージ映えする、華のあるピアニストだ。最近はドイツ・グラモフォンからＣＤを出している。

小菅優がピアノを弾いたのは２歳の時、母親の膝の上だったという。それから東京音楽大学付属音楽教室で学んでいた。そんなピアニストの母親と一緒に日本とドイツの交流コンサートで知り合った教師に誘われ、母親と10歳で渡独。カール＝ハインツ・ケマーリングに師事。以降、コンクールを経ずに演奏活動を展開し、２００４年（平成16年）、リストの《超絶技巧練習曲集》でＣＤデビューを果たす。２００６年（平成18年）にはザルツブルク音楽祭に出演（日本人で2人目）、リサイタルを行う。２０１０年（平成22年）にもイーヴォ・ポゴレリチ（１９５８年、ベオグラード生まれ）の代役として同音楽祭に再登場している。２０１０年（平成22年）～２０１５年（平成27年）の「ベートーヴェン　ピアノ・ソナタ全曲演奏会」を国内で成功させ、ベートーヴェン《ピアノ・ソナタ全集》もＳＭＪ（ソニーミュージックジャパン）よりリリース。多くのピアニストが目指す頂にこの人も挑み、到達した。ベルリンを拠点に世界中で演奏活動を続けている。

名門ドイツ・グラモフォンとの専属契約

松田華音もまた、たまたま地元香川で参加したエレーナ・イワノーワのセミナーで彼女の目に留まり、彼女の誘いでモスクワに渡った。グネーシン音楽学校予科に編入し、ついでグネーシン音楽学校ピアノ科に入学。そのままエレーナ・イワノーワに師事。２０１１年（平成23年）には「スクリャービン奨学生」に選ばれる。２０１４年（平成26年）に同校を首席で卒業。同年２０１４年（平成26年）、ロシア政府特別奨学生としてモスクワ音楽院に入学、２０１９年（令和元年）、首席で卒業。グネーシン音楽学校、モスクワ音楽院ともに優秀者のみに贈られる『赤の卒業証書』を手にしている。同年、モスクワ音楽院大学院に入学、２０２１年（令和３年）に修了した。ロシアでもピカイチの優等生だ。

２００４年（平成16年）のエドヴァルド・グリーグ国際ピアノコンクールのグランプリ、

２００６年（平成18年）のくるみ割り人形国際音楽コンクール１位などコンクールの入賞歴もあるが、やはり２０１４年（平成26年）にドイツ・グラモフォンと契約を結んだことは大きなニュースとして記憶に新しい。

ベートーヴェンの《ワルトシュタイン》やショパンの《英雄ポロネーズ》、ラフマニノフ、スクリャービンの小品が並ぶ２０１４年（平成26年）のデビューＣＤでは軽やかなピアニズムと美質を表出し、２０１７年（平成29年）のＣＤ、ムソルグスキーの《展覧会の絵》で独自の世界観を提示した。

一方、ベルリンで生まれたフジコ・ヘミングのように最初からヨーロッパで生まれた日本のピアニストはそれほど多くないが、そのうちのひとり、アリス＝紗良・オット（１９８８年、ミュンヘン生まれ）もまた、ドイツ・グラモフォンと専属契約を結んだ若きピアニストだ。

父親がドイツ人、母親が日本人。妹のモナ＝飛鳥・オット（１９９１年、ミュンヘン生まれ）もピアニストである。ピアニストでもある母親はあまりアリスを音楽家にしたくなかったらしく、彼女が小さい頃はピアノに触るのを好ましく思わなかったという。

１９９５年（平成7年）のドイツ連邦青少年音楽コンクールから２００５年（平成17年）のヨーロッパピアノ指導者連盟コンクールまで、毎年のようにコンクール１位を獲得し続けている。

モーツァルテウム音楽院でカール＝ハインツ・ケマーリングに師事。２００８年（平成20年）にはドイツ・グラモフォンと専属契約を結んだ。

ともかく彼女は個性的だ。モデルのような容姿、ビビッドなライフスタイル。

彼女がテレビ番組『セブンルール』に出演した時に、「本番前は指を温めるためにルービックキューブを揃える／ステージの上では裸足／家でクラシックは聴かない／買い物はインターネットで／ウイスキーはストレート／待ち時間は極力作らない／練習するより経験する」という７つのルールを披露した。

ドイツ・グラモフォンからリリースされるアルバムのタイトルも《スキャンダル》《ワンダーランド》《ナイトフォール》《エコーズ・オヴ・ライフ》と、シャネルやグッチなどのハイブランドが投入する新ラインのコンセプトみたいだ。

そんな中、思わぬ難病が彼女を襲う。多発性硬化症である。２０１８年（平成30年）、演奏中に左手が動かなくなり、演奏を中断したのだ。チェリストのジャクリーヌ・デュ・プレ（１９４５年、オックスフォード生まれ）もかかったこの病気は、彼女に混乱をもたらした。

だが、現在は適切な治療により症状から解放されているという。２０２２年（令和４年）

の日本ツアーも成功裡に終えたばかりだ。

この章では取り上げきれないものの、高校卒業後に海外のアカデミーに入学するというコースをたどるピアニストは年々ふえている。日本の音大を卒業してからでは遅いのだ、という空気もあるようだ。

思い返せば明治時代、岩倉使節団の一員として蒸気船に乗ってアメリカへ渡った少女たち――山川捨松12歳、永井繁子9歳、津田梅子8歳――は、約10年アメリカで音楽やピアノを学んだ。そして、帰国後、鹿鳴館の華となった。

同様に若年から欧米のアカデミー（あるいはその下部組織）で学ぶという幸運を手にしたピアニストたちが彼女たちに続く。その中から世界最高峰のレーベル、ドイツ・グラモフォンと専属契約する若きピアニストが21世紀になって現れたことは驚きに値する（弦楽器奏者ではヴァイオリニストの庄司紗矢香と五嶋龍、チェリストの佐藤晴真がドイツ・グラモフォンからCDを出している）。

なんせ、ショパン・コンクールにでも優勝しなければ、なかなかドイツ・グラモフォンから契約のオファーは来ないのだ（たとえば、ユンディ・リ、ラファウ・ブレハッチ、チョ・ソンジン、ブルース・リウ）。

一方で、本章で紹介した「若年から海外のアカデミーで学んだピアニスト」でショパン・コンクールに関わったのはほぼ内田光子だけだという事実も興味深い。当地ヨーロッパで見るショパン・コンクールと日本からウォッチするショパン・コンクールは温度差があるのだ。

ショパン・コンクール？

そう、次の章はいよいよショパン・コンクールです。

第5章

ワルシャワ——ショパンの聖地で輝いた若者たち

反田恭平と小林愛実

ショパン・コンクールはいつも推しを決めて見ている。

２０００年（平成12年）は山辺《やまべ》絵理（１９８１年、東京生まれ）、２００５年（平成17年）は根津理恵子（１９８０年、千葉生まれ）、２０１０年（平成22年）は木米《きよね》真理恵（１９８９年、金沢生まれ）、２０１５年（平成27年）は小林愛実《あいみ》（１９９５年、宇部生まれ）。知り合いだったり、生演奏を聴いて「おっ！」と思ったピアニストである。

２００５年（平成17年）あたりからショパン・コンクールのインターネット中継がスタートした。当時は解像度の低い粗い画像で、ｍｉｘｉに感想を書き込んだり情報交換をしていた。２０２１年（令和3年）は多くのファンがスマホでショパン・コンクールを見て、Twitterで思い思いのツイートをしていた。

ということで、ショパン・コンクール２０２０（コロナ禍の影響で実際に行われたのは２０２１年）である。

前著『アルゲリッチとポリーニ』で私はこんなことを書いた。

「ここまで書き進めて、私の中では2人の若者の顔が浮かんでいる。藤田真央と牛田智大である。現時点で彼らがショパン・コンクールにエントリーするかは分からない。しかし、２人とも若いながらファイナルに進むだけの実力者だけに、彼らがエントリーしてくれれば間違いなくヤバイことになる」

２０１９年（令和元年）末の時点で『アルゲリッチとポリーニ』のこの原稿を書いていたのだけれど、結局、藤田真央はショパン・コンクールにはエントリーせず、予備予選免除（主要な国際コンクールで2位以内に入ったものは予備予選は免除される）で参加した牛田智大はセミファイナル（第3次審査）に進めなかった。

藤田真央の場合も２０１９年（令和元年）のチャイコフスキー・コンクールで2位に入っているのでエントリーすれば予備予選免除だった。が、この大きなコンクールで2位に入り指揮者ワレリー・ゲルギエフ（１９５３年、モスクワ生まれ）のお気に入りのピアニストのひとりになった以上、ショパン・コンクールにエントリーする意味はなかったのかもしれない。あるいは、かつてのイーヴォ・ポゴレリチのような政治マター（当時、モスクワ音楽院在学中のポゴレリチが同音楽院のピアノ科主任教授からショパン・コンクールを諦めればチャイコフスキー・コンクールの1位と交換できると提案された件）を噂する声もあったが実際のところは、どうなんだろうか。

ともかく、牛田智大の演奏は決して悪くなかった。よく弾き込まれた端正なショパンだった。

ただ、彼が登場した時の映像を見ると、その悠然たる存在感、ステージマナー、これらはコンサート・ピアニストのそれだった。ほかのコンテスタントとは違う、そう、もはや自分に足りないピースを探しにやって来た貪欲な若きピアニストの卵ではない。おそらくは審査員もそんな違和感を抱いたに違いない。審査員にしてもショパンに関するサムシング・ニューを探しにあの席に座っているのだ。

そして彼らは、牛田智大がセミファイナルに進むことを否とした。

そのセミファイナルに進んだ日本人ピアニストは、進藤実優（２００２年、大府生まれ）、反《そり》田《た》恭平（１９９４年、札幌生まれ）、角野隼斗（１９９５年、千葉生まれ）、古海行子、小林愛実の５人。名古屋大学医学部在学中の沢田蒼梧《そうご》（１９９８年、半田生まれ）もセミファイナルには進めなかった。

セミファイナルで出色だったのは、小林愛実の《マズルカ作品30》と《24のプレリュード》だ。私はこの１年前（２０２０年12月）に小平市民文化会館で彼女の《24のプレリュード》を聴いていて、その揺るぎない存在感と世界観に圧倒されていた。ワルシャワの聴衆の前でも「これが私のショパンです」と胸をはって主張するような見事な演奏だった。ダイナミックな側面だけではなく時に繊細に、たとえば《雨だれ》の消え入りそうなテンポと弱音、ゆったりとした間の取り方、時にそっけない顔も見せる。終演後、拍手が鳴り止まなかった。「私たちのショパンだわ」と認められたのだ。小林愛実とワルシャワの聴衆が相思相愛になった瞬間だ。彼女のショパン愛はひたむきな愛。審査員の中には自身の持つショパン観とは違うという人もいたが、ともかくセミファイナルだけの点数でいえば全コンテスタント中で彼女はブルース・リウ（１９９７年、パリ生まれ）に次ぐ２番目の成績だった。そして彼女はファイナルに進み、４位を獲得した。

ファイナルでもそつのない演奏を披露して２位に入ったのが、反田恭平である。ファイナルに進んだ日本人コンテスタントはこの２人だ。

幼い頃から同じ音楽教室に通っていたという２人は、さながらブエノスアイレスでともにヴィンチェンツォ・スカラムッツァ（１８８５年、イタリア生まれ）門下で学んだマルタ・アルゲリッチとブルーノ・レオナルド・ゲルバー（１９４１年、ブエノスアイレス生まれ）のようだ。

反田はクレバーなピアニストだ。よく考え、練り抜かれ、鍛錬されたショパン。この人は放っておいても立派なピアニストになるだろう。ただ、彼のショパン愛を私はドンファンのそれのように感じる。お前ほかにも恋人がいるんじゃねーの、と。

「かてぃん」というYouTuberであり東大卒ピアニストという横顔を持つ角野隼斗も、とてもクレバーでうまいピアニストだ。破綻が少なく、リリカルで、ショパンの世界観をきっちりわきまえている。多くのコンテスタントが高パフォーマンスを誇るスタインウェイ４７９をチョイスする中、彼はリリカルな響きを持つスタインウェイ３００をチョイスした。ほかのコンテスタントとの差異を出そうという意図が心にくい。

小林も反田も角野も、自分自身のショパンをワルシャワで披露していた。

では、牛田智大はどうだったのか——。

牛田智大のショパン・コンクール

ショパンという作曲家の楽曲を演奏することによって多くのピアニスト（と聴衆）がともに幸せを享受できるのだけれど、一方でピアニスト泣かせな側面もある。

イリーナ・メジューエワ（１９７５年、ニジニ・ノヴゴロド生まれ）の『ピアノの名曲』（講談社現代新書）から引いてみる。

「ショパンは、ピアニストにとって一番大事な作曲家です。何だかんだ言ってショパンを弾かないと始まらない。でもショパンを弾くと、全てがばれてしまう。弾き手の性格まで含めて全て見える。隠すことができない。それもまた怖いです。その人が意地悪な人かどうかもわかります（笑）。ある意味、バッハも怖い作曲家ですが、バッハの場合、誰がどんな楽器でどう弾いてもバッハの音楽になるのに対して、ショパンはピアノでなければならないし、誰がどう弾いてもなかなかショパンにならないという怖さ（笑）」

さて、牛田智大である。

今回ショパンの演奏を通して等身大の牛田智大が表出したことは確かだ。ポイントはワルシャワの聴衆と相思相愛になっていたのかどうか、である。

彼のショパン・コンクールを見ていて思い出したのが、アレクセイ・スルタノフ（１９６９年、タシケント生まれ）だ。演奏スタイルは大きく異なるが、浮かび上がる共通点もある。

モスクワ音楽院の学生だった17歳のスルタノフは意気揚々とチャイコフスキー・コンクールに挑戦した。しかし、派手な超絶技巧（ラン・ランとかユジャ・ワンをイメージしてみてください）を披露するもセカンド・ラウンド（第2次審査）で棄権。１９８９年（昭和64年）、

20歳になったスルタノフ、今度はヴァン・クライバーン国際ピアノコンクールで１位に。ついで、１９９５年（平成7年）のショパン・コンクールで２位（１位なし）に入り、１９９８年（平成10年）に再びチャイコフスキー・コンクールに挑むも、予選敗退。翌１９９９年（平成11年）のエリザベート王妃国際音楽コンクールでも予選敗退。いずれのコンクールも優勝候補だといわれたが……。ピアノの才能とかスキルにかかわらず、スルタノフのように審査員の好き嫌いがはっきりするタイプのピアニストも存在するのだ。人前でパフォーマンスを行うピアニストという演奏家の宿命だ。

そしてもうひとつ。

２０１０年（平成22年）のショパン・コンクールのＤＶＤ審査でひとりの女性ピアニストが落とされた。これに異議を唱えたのが審査員のフー・ツォン（１９３４年、上海生まれ）である。そして、彼の抗議によってくだんの女性ピアニストを含む55名が予備予選に追加招集され、彼女は予備予選から参加してバンバン高得点を叩き出し、本選でも１位を獲得した。ユリアンナ・アヴデーエワ（１９８５年、モスクワ生まれ）である。

最近では２０２１年のショパン・コンクールの予備予選で敗退している黒木雪音が翌２０２２年（令和4年）のダブリン国際ピアノコンクールで１位を取っているという例もある。

ま、このように、あらゆるピアノコンクールが審査員の目と耳で審査を行う以上、ある程度の齟齬《そご》は仕方がない。これはショパン・コンクールとて例外ではないということだ。

ピアノコンクールは優勝候補が必ずしも優勝するわけではない――。

　さらにいえば、２０１０年（平成22年）の大会から導入された「ＹＥＳ／ＮＯ」による評価が厄介だった。これは「この演奏者の演奏を次のステージでも聴きたいか?」を問う審査で、「ＹＥＳ」と答えた審査員の総数を全審査員の数で割ったのが「指数Ｙ」。ファースト・ラウンド（第1次審査）は「０・５６」だった牛田智大の「指数Ｙ」がセカンド・ラウンドでは「０・３５」に減っている。基本的にはこの「ＹＥＳ／ＮＯ」による評価で次のステージへ進めるかが決まる。10点満点での点数により順位が決まるのはファイナルのみ。つまり、内容がよかったとしても「次はいいや」と思われてしまった時点でその人のコンクールは終わる。先ほども触れたが、ショパンに関するサムシング・ニューがないと、なかなか「ＹＥＳ」をつけてもらえないのだ。

　ちなみに、セミファイナルで審査員ケヴィン・ケナーは小林愛実に「ＮＯ」といい、審査員・海老彰子は反田恭平に「ＮＯ」をつけている。彼女は進藤実優や角野隼斗には「ＹＥＳ」といっているのにもかかわらず、だ。

そして、優勝したブルース・リウはファースト・ラウンドからセミファイナルまで3つのセッションの「指数Y」がすべて「1・0」だった。すなわち、誰も彼に「NO」といわなかったのだ。ブルース・リウは、25点満点で評価される数字の方でもファースト・ラウンドからセミファイナルまでぶっちぎりの1位だった（ファイナルの採点は公開されていない）。

ショパン・コンクールはスコアに忠実な「新即物主義」（ノイエ・ザッハリヒカイト）とロマン派的な演奏との対決のようなことをいう人がいるが、そんな単純なものではない。

スコアに忠実に演奏することはもはやデフォルト。本大会に限っていうと、審査員がそれぞれ持っている「私のショパン」にアジャストして演奏するか、どのくらいコンテスタントの「私のショパン」を提示するか、である。すなわちサムシング・ニューである。そのバランスを考えながらうまく「指数Y」を伸ばしていくクレバーなコンテスタントもいたが、それ以上に、「明るいショパン」だったり、「雄大なショパン」だったり、審査委員の口をあんぐりと開かせるピアニストが何人かいた。そしてファイナルに残った。そんな中、圧倒的に、新しい「ショパン」像を表現して審査員をねじ伏せて見せたのがブルース・リウだ。

そもそも、ショパンの楽曲のみでコンペティションを行うショパン・コンクールという大会は、大極的に見れば随分とローカルで特異な大会だといえる。だからこそ、「指数Y」による審査が成立する。ショパン・コンクールの審査員の多くは、ショパンランド（ショパン共和国でもいい）の住民だ。ショパンランドには独特の価値観やコードがあり、彼らの心証を損なってはショパンランドのメダルは貰えない。２０００年（平成12年）のショパン・コンクールで広瀬悦子や三浦友理枝、２０１０年（平成22年）の片田愛理（１９９２年、横浜生まれ）がファイナルの手前で落とされたように、牛田智大もそうだっただけだ。

　むしろ、セカンド・ラウンドでリサイタル並みの40分のソロを弾かせ、セミファイナルではソロと室内楽、ファイナルでピアノ協奏曲１曲を演奏しなさい、とオールラウンドなスキルを問うリーズ国際ピアノコンクールやファイナルで協奏曲２曲を弾かせるヴァン・クライバーン国際ピアノコンクールの方がピアニストとしてはよっぽどタフだ。

「ショパンを弾くと、全てがばれてしまう。弾き手の性格まで含めて全て見える。隠すことができない」とイリーナ・メジューエワがいうように、牛田智大は年季の入ったショパンのスペシャリストたちの前で丸裸になってしまった。丸裸になった上で「これが僕のショパンですけど」と開き直ってみせるには彼は上品すぎた（あるいはスター然としすぎていたのかもしれない）。その結果、審査員を圧倒することはできなかったのだ。

　反田恭平はショパン・コンクールのファイナルでコンチェルトを弾いてみたかったという

理由から、モスクワ音楽院をやめてショパン音楽大学に入学した。描いたイメージを現実にするには、そこまでしなければいけないのか。

いずれにしろ、次回のショパン・コンクールに挑戦するかどうかは彼が決めることだ。

我々としては、静かに見守るしかない。

もうひとつのコンペティション

ワルシャワで牛田智大はヤマハのピアノをチョイスした。ユリアンナ・アヴデーエワとのコンビで2010年（平成22年）のショパン・コンクールを制しているヤマハのCFXだ。

しかし、今大会はヤマハはコンテスタントをセミファイナルへ送り込むことができなかった。そう、コンペティションで争っているのはコンテスタントだけではないのだ。

ショパン・コンクールに限らず大きなコンクールには、さまざまな人間が集まる。

コンテスタント、プレス、レコード会社のプロデューサー、マネジメント会社のスタッフ。

そんな中、もっとも忙しくステージ上を動き回っているのは調律師を含むピアノメーカーのスタッフだ。

２０２１年（令和3年）のショパン・コンクールには、スタインウェイ、ヤマハ、カワイ、そしてファツィオリの４つのピアノメーカーが集った。

角野隼斗がスタインウェイ３００をチョイスした話には触れたが、小林愛実、反田恭平、進藤実優、古海行子はスタインウェイ４７９。ピアニストのどんな要求にも応えてくれる頼もしいピアノだ。角野は、スタインウェイ４７９のメカニカルなレスポンスより、スタインウェイ３００の響きの美しさを選んだということか。

本選ではスタインウェイを弾いていた反田恭平が、大会期間中、Shigeru Kawai で何度もさらっていたというエピソードもある。

医学を学びながらピアノを弾く沢田蒼梧は Shigeru Kawai をチョイスした（彼はヤマハ音楽教室でピアノを始めたのに……）。カワイは3人のファイナリストをサポートした。２位になったアレクサンダー・ガジェヴ（１９９４年、イタリア生まれ）は２０１５年（平成27年）の浜松国際ピアノコンクールで1位になっていて、それ以来カワイのフラグシップ・モデル、Shigeru Kawai を好んで弾いている。このピアノは彼の繊細な音色と柔らかいタッチによくマッチしている。ガジェヴの興味深いところは、ファイナルでショパンの《ピアノ協奏曲第2番》を弾いていることだ。

「2番じゃ優勝できませんよ」という女性にこんなことをいいながら。

「いいよ、それじゃ2位をとるから」

アレクサンダー・ガジェヴを含め、ファイナルで《ピアノ協奏曲第2番》を弾いたのは、マルティン・ガルシア・ガルシア（１９９６年、スペイン生まれ）、イ・ヒョク（２０００年、ソウル生まれ）の３人。ちなみに、天性の明るいショパンを披露したガルシア・ガルシアはファツィオリ、イ・ヒョクはカワイをチョイスしている。

そして、ブルース・リウは《ピアノ協奏曲第１番》をイタリア生まれのファツィオリを弾いて優勝した。彼らを含め３人のファイナリストがこのピアノをチョイスした。

ファツィオリの特徴の柔らかいハンマーにより音がクリアになりよく歌う。一方で、メカニカルに攻めるピアノではないという側面もあるが、いずれにしろ、ガルシア・ガルシアのカンタービレにぴったりくるピアノだ。

さて、ヤマハは２０１５年（平成27年）よりショパン協会のオフィシャル・パートナーとなり、ノボテルワルシャワセントラムに滞在する全参加者の部屋にクラビノーバを、ソフィテルワルシャワヴィクトリアに滞在する全審査員の部屋にアバングランド（グランドピアノ型のハイブリッド電子ピアノ）を揃えた。このコロナ禍のさなかに、である。

ショパン・コンクールの翌２０２２年（令和４年）には、ヤマハはＣＦＸの新モデルを投入した。１９００年（明治33年）にアップライト国産第１号を製造し、１９０２年（明治35年）からグランドピアノの製造を行ってきたヤマハ。２０２２年（令和４年）はグランドピアノ１２０周年にあたる年なのだ。

次回大会に向けて、どんなピアニストがヤマハの新しいＣＦＸでパフォーマンスを行うのか。

新世代のピアニストたち

２０２１年（令和３年）のショパン・コンクールは日本中の人がYouTubeの生配信を見て、おのおのが感想をツイートし、現地レポート（演奏直後のインタビューもあった）を読み、みんなで同じ空間をネットを介して共有した。

コンテスタントたちもまた極めて個性的。

反田恭平と同じ１９９４年（平成６年）生まれには、メジャーリーガーの大谷翔平、フィギュアスケートの羽生《はにゅう》結弦《ゆづる》、スピードスケートの高木美帆らスポーツ界で大活躍する逸材が多く出ている。彼らは「ゆとり世代」と呼ばれ、上の世代から何かと揶揄《やゆ》されることも多い世代である。１９９５年（平成７年）生まれの小林愛実や角野隼斗も同世代。好きなことを好きなように（のびのび）やる。ただ、やる時の集中力は凄まじい。

１９９８年（平成10年）生まれの沢田蒼梧にいたっては、世代的にはZ世代（１９９０年代中盤以降に生まれた世代）である。名古屋の名門、東海中学・高校とトップの成績で過ごし、名古屋大学医学部に進学した。角野隼斗も東大大学院の修士課程を修了している。

１日は24時間しかない。東大や医学部に進学するために必要な時間は決して少なくない。一方で、ピアニストになるためのトレーニングやプラクティスも多くのコスト（時間）を要する。

整合性をつけようにも１日は24時間しかない。何が違うというのか——とここまで書いて、ふと思い至る。これは近視眼的な発想だ。

思えば19世紀に音楽に親しんでいたのは、貴族や医者といったセレブリティが中心である。ヨハネス・ブラームスは親友で医師のテオドール・ビルロートに新曲を聴かせ意見を求めたりしていたし、ショパンがピアノを演奏していたサロンにはブルジョアと呼ばれし中産階級の人々が集っていた。金持ちが音楽家と音楽そのものを庇護していたのだ。

たとえば、角野隼斗はショパンのことをこういっている。

「彼がパリのサロンでやっていたことと、僕が部屋の中でカメラを回していることはさほど変わりがないと思います」（『サラサーテ』２０２１年12月号増刊）

サロンの人々どころではなく世界中で彼の動画を見ているわけだが、この発想を持つピアニストは今までいなかった。そして、さらっとこう続ける。

「この数ヶ月、ショパンの表現に注力しましたが、これを糧にさらにいろいろ学び、クラシックを軸にしながらもさまざまなジャンルを組み合わせた自分の表現を求めていきたいです」

小林愛実も、ことさらショパンにこだわる感覚はない。

「別にショパンコンクールに絞っていたわけではなくて、いろいろなコンクールの情報を見ていて、その中でショパンコンクールがあったので、前回ファイナリストだったから出てみようかなと思いました」（『サラサーテ』２０２１年12月号増刊）

沢田蒼梧も「関本昌平先生からすぐにでもショパンから離れろと言われている」（ぶらあぼONLINE）と語る。

そう、ショパン（あるいはショパン・コンクール）に対するこだわりは驚くほど少ない。何がなんでもショパン・コンクール、ではないのだ。

思えば、河村尚子、福間洸太朗（１９８２年、東京生まれ）、萩原麻未《まみ》（１９８６年、広島生まれ）、アリス＝紗良・オット、松田華音、金子三勇士、北村朋幹《ともき》（１９９１年、愛知生まれ）、田村響（１９８６年、愛知生まれ）、三浦謙司、安並貴史、髙木竜馬、藤田真央など、ワルシャワにコミットしなかった若手ピアニストも多い。

80年代にも「共産圏というところに行くのが嫌で」ショパン・コンクールやチャイコフスキー・コンクールにエントリーしなかったピアニストがいた。

20歳でロン＝ティボー国際コンクール１位（１９８１年）になった清水和音だ。

清水がエントリーするとしたら、１９８０年（昭和55年）か１９８５年（昭和60年）だった。１９８０年（昭和55年）ならイーヴォ・ポゴレリチ、１９８５年（昭和60年）ならスタニスラフ・ブーニンがいた。我らが若大将（当時）清水和音が彼らと一緒のステージで演奏している姿を見てみたかった気もする。

練習嫌い、演奏会も嫌いという清水は、こんなことを語っている。

「次に生まれてきたら、絶対ピアノと関係ないところで生きたい。二代目の若旦那で生まれてきたい。大店の若旦那で、財産を食いつぶす役をやりたい（笑）」

まるでヘルベルト・フォン・カラヤンに「やつは大型冷蔵庫がからにならないと出てこない」といわれたカルロス・クライバー（１９３０年、ベルリン生まれ）のようだ。

ただ、清水和音の音はとんでもなく美しい。この音を出せるのは天才だけだ。

清水はともかく彼らの上の世代は、マウリツィオ・ポリーニを見て、マルタ・アルゲリッチを見て、ショパン・コンクールに挑もうと思った。

ショパン・コンクールの日本人入賞者をざっと列挙する。

１９５５年（昭和30年）10位／田中希代子、１９６５年（昭和40年）４位／中村紘子、１９７０年（昭和45年）２位／内田光子、１９８０年（昭和55年）５位／海老彰子、１９８５年（昭和60年）４位／小山実稚恵、１９９０年（平成２年）３位／横山幸雄、同年５位／高橋多佳子（１９６４年、札幌生まれ）、１９９５年（平成７年）５位／宮谷理香、２０００年（平成12年）６位／佐藤美香、２００５年（平成17年）４位／山本貴志、同年４位／関本昌平、そして、２０２１年（令和３年）２位／反田恭平、同年４位／小林愛実。

海老彰子は２０２１年のショパン・コンクールで審査員を務めたし、小山実稚恵と横山幸雄は今や日本の両エースだ。後進の指導にあたっている人も多い。

２０００年（平成12年）に６位に入った佐藤美香はピティナの特級で金賞を得ている。それ以降、ほとんどの日本人入賞者がジュニア世代でコンクール入賞歴（ピティナ・ピアノコンペティションか全日本学生音楽コンクール）がある。つまりは中村紘子がいっていたピアニストの低年齢化である。

２０２１年（令和3年）のショパン・コンクールの日本人コンテスタントも、小林愛実はピティナ・ピアノコンペティションの常連でJr.G級（高校1年生以下）の金賞を得ているし、角野隼斗もピティナ・ピアノコンペティション特級（年齢制限なし）でグランプリを得ている。沢田蒼梧もピティナ・ピアノコンペティションG級（22歳以下）で金賞、進藤実優は特級の銀賞、古海行子も特級の銅賞を得ている。

このピティナ・ピアノコンペティションとは、いったい何だろう。

そして、小林愛実が所属しているアルゲリッチと同じマネジメント・オフィス、ＫＡＪＩＭＯＴＯとは――。

終章

東京、奈良、そしてサイバー空間——日本のピアニストの現在地

ピティナ・ピアノコンペティション

音大ピアノ科の学生の間で、「新入生の誰それはピティナ銅賞らしいよ」「ガチ?」などという会話が交わされているらしいが、このピティナとは全日本ピアノ指導者協会のことで、ピティナ銅賞とはこの組織が開催しているコンペティションの賞のこと。

ピティナは１９６６年（昭和41年）に東京音楽研究会として発足し、１９６８年（昭和43年）に一般社団法人全日本ピアノ指導者協会（ピティナ）の名称になった。

音大などの専門教育を受ける前の世代の音楽教室として、ヤマハやカワイの音楽教室、子供のための音楽教室、スズキ・メソードなどに触れたが、全国には個人で経営するピアノ教室がたくさんあり、ピティナはそんなピアノ教師たちを中心とした全国組織だ。ここでもヤマハグレード（音楽能力検定制度）のようにピアノ指導者の指導者ライセンス（初級・中級・上級）を認定しているほか、セミナー、コンサート、それにステップと呼ばれるアドバイスも受けられる初心者向けの公開ステージも開催している。そして、毎年８月に全国大会を開催するピティナ・ピアノコンペティションは、ピアニストの間でも一定の存在感を示している。

１９７７年（昭和52年）に「第１回ＰＴＮＡヤングピアニスト・コンペティション」としてスタートしたのがピティナ・ピアノコンペティションである。ソロ部門、デュオ部門、グランミューズ部門があり、さらにＡ２級（小学生未満）から特級（年齢制限なし）まで年齢別に細かく分かれていて、キャリアを通してピアノを学ぶモチベーションが保てるように考えられている。

１９９４年（平成6年）にはコンペティションののべ参加者が年間２万人を突破。若い世代のピアニストたちの多くは、ここを経験している。角野隼斗はこのコンペティションの最高峰、ピティナ・ピアノコンペティション特級でのグランプリを獲得しているのだ。

ピティナ・ピアノコンペティションは全日本学生音楽コンクールとエントリーする年齢層が重なり、そしてその先の日本音楽コンクールへとつながる。

ピアノコンペティションのほかに、審査員で来日した外国人講師によるマスタークラスも随時開催されている。たとえば、各カテゴリーのマスタークラスからは、２０２２年（令和４年）の仙台国際音楽コンクールで３位になった太田糸音《しおん》（２０００年、大阪生まれ）、同年のダブリン国際ピアノコンクールで１位になった黒木雪音、古海行子、沢田蒼梧、亀井聖矢《まさや》（２００１年、愛知生まれ）が巣立っている。

そう、亀井聖矢。２０１９年（令和元年）にピティナ・ピアノコンペティション特級グランプリと日本音楽コンクールを制した彼は２０２２年（令和4年）のヴァン・クライバーン国際ピアノコンクールにエントリーして、セミファイナリストになった。彼と一緒にエントリーした吉見友貴《ゆうき》（２０００年、東京生まれ）も２０１７年（平成29年）の日本音楽コンクールを最年少（高校2年生）で制している。亀井聖矢とともにセミファイナルに進出した田所光之マルセル（１９９３年、福岡生まれ）、２０１２年（平成24年）に日本音楽コンクールで1位（反田恭平と1位を分け合った）と２０２１年（令和3年）のエリザベート王妃国際音楽コンクールで3位に入った務川慧悟《むかわけいご》（１９９３年、愛知生まれ）、同コンクールで4位に入った阪田知樹（１９９３年、名古屋生まれ）など、うかうかしている間に才能溢れる若者がどんどん出てくる。太田糸音もしかり。かつて私は自著で「日本は弦の国」と書いたことがあるが、今やピアノ王国の感がある（それにしても、最近愛知生まれのピアニストが多いのは何故だ!?）。

話をピティナに戻そう。

インターネットを最大限に利用しているのもピティナの特徴で、全国のピアノ教室が検索できるほか、YouTube のピティナピアノチャンネルではほとんどの楽曲の模範演奏が聴ける。

さらには、インターネット上にピティナ・ピアノ曲事典というデータベースもある。作曲家や曲名を入力すると、その曲の概要、演奏されている動画、スコア本の紹介がささっと出てくる。これは読者のみなさんも利用したことがあると思う。

ピアノを学びたいと思った時、そしてピアニストになりたいと思った時、目の前にさまざまなオプションがある時代だ。上原彩子のようにヤマハのマスタークラスで学んでチャイコフスキー・コンクールを制した人もいれば、かてぃんのように東大大学院に進んでもいい。沢田蒼梧のように医者になりたいと思う気持ちと、もっとピアノを弾きたいと思う気持ちは実は両立するのだ。いずれも音楽大学への進学というオプションを行使していない。

そこまでではなくても、このピアノの先生は合わないな、と思ったら変えてもいいのだ。誰がピアノを弾くのか、誰のためにピアノを弾くのか、である。

ひとたび音大に入ると、そう簡単ではないがそれでも変えていいと思う。ただ、それもこれも経済的に許される場合に限られるのが頭痛のたねではあるのだが……。ねぇ、みなさん。

サイバー空間の向こう側

いきなりだが、金子三勇士（@miyujik）のツイートを紹介したい。

「ピアノを専攻している現役の学生さんたちと話して感じる事。今の時代、ＣＤプレーヤーを持っていない、テレビもない。音楽はスマホかＰＣで、主にYouTubeで鑑賞している↓ここまではなんの問題もない。しかし、グールド、ポリーニ、ツィメルマンやアルゲリッチを知らないのは、やはり悲しい……」（２０２２年1月7日のツイート）

若い世代がＣＤプレーヤーやテレビを持っていないのは予想がつくが、グールドやアルゲリッチを知らなかったりする学生が多いのには驚く。

君たち、藝大のホロヴィッツこと斎藤雅広や桐朋のポリーニこと岡田博美（１９５８年、富山生まれ）を聴きなさい、といいたいところだが、まずホロヴィッツやポリーニを知らないとお話にならない。逆に、カーティス（音楽院）のユジャ・ワンことケイト・リウ（１９９４年、シンガポール生まれ）を聴きなさいといったら、２人ともよく聴いていますよ～、みたいな答えが返ってきそうでまた怖い。

一方で、ピアノのお稽古に通う少年少女の生活パターンは、昭和の頃からさほど変わらない。相変わらず鍵盤のイラストが描かれたトートバッグにスコアを入れて、音楽教室や先生の家へ通っている。

ただ、トートバッグにスマホが入っていたりするから厄介だ。

両耳にはAirPods、あるいはBeatsがささっていたりする。そして、かてぃん（角野隼斗）のYouTubeチャンネルを見ていたりする。稽古中の課題曲があれば、YouTubeのピティナピアノチャンネルでほとんどの楽曲の模範演奏が聴ける。コンペティションの課題曲もずらっとアップされている。これはほんとうに便利だと思う。

いつでもどこでも、好きなピアノ音楽が聴ける、という環境は今まであったようでない。せいぜい、ウォークマンが発売された１９７９年（昭和54年）以降の話だ。でも、ウォークマンでは指の運びは確認できない。じゃあ動画でチェックすればいいでしょ、というのが今時の子どもたちだ。

思えばＣＤプレーヤーなんてごく最近のことで、我々の世代はレコードでクラシック音楽を聴く時代が長かった。

disk union お茶の水クラシック館や石丸電気レコード館をはしごしてレコードを漁《あさ》ったものだ。山野楽器の銀座本店はもとより、都内に数カ所あった支店にもちょくちょく顔を出したものだ。店員さんも音楽事情に詳しい人が多かった。

ＨＭＶやタワーレコードが進出してきた90年代以降はレコードがＣＤに変わり、新宿とか渋谷でＣＤを買うようになった。たとえば、イシュトヴァン・ケルテス指揮のドヴォルザーク《交響曲第9番・新世界より》は、ウィーン・フィル盤とロンドン交響楽団盤が同じＤＥＣＣＡから出ていて、どうしてもウィーン・フィル盤の方がほしくて新宿からお茶の水まで探して歩く、なんてことをしていた。ま、それが楽しかったともいえる。古き良き時代だ。

それが今では、Amazonをはじめ各ネットショップはけっこうな品揃えがあり、注文するとお目当てのＣＤがすぐに自宅に届く。それよりも、多くの人がサブスクリプションでささっと呼び出してその場で聴いているのが現状ではないだろうか。そう、スマホやＰＣの１ミリ向こう側から、音楽は飛び込んで来る。

ホロヴィッツだろうが牛田智大だろうが、メタバースのアバターのように、同じ扉の向こうで両手を温めているのだ――。

それが、サイバー空間である。

映画やドラマでピアノを弾く

ＣＤプレーヤーを持たない若者はスマホやＰＣで音楽を聴く。AirPodsで、あるいはBeatsで。ピアノのお稽古に通う少年少女でも同じ。

部屋で音楽を聴く場合は、Bluetoothスピーカーで聴いてるケースもけっこうあるはずだ。

誰も高級オーディオセットなんかほしくないのだ。

老舗ＡＶメーカーのオンキヨーが破産の道を選ぶのも無理はない。私とて、仕事部屋にあるオンキヨーのコンポーネント・システムもほとんど出番がないのだから仕方ない。個人的には、オンキヨーにはＰＣやスマホのサプライを開発してほしかった。AirPodsよりも音のいいイアホンとか、むちゃくちゃ音質のいいBluetoothスピーカーとか。

とにかく時代が変わってしまった——。

ラジオ放送も、ラジオ受信機で聴く時代ではなくなりつつある。ＰＣとスマホのアプリ「radiko」で聴くのだ。ＮＨＫ-ＦＭもＴＯＫＹＯ ＦＭも。電波塔から電波を飛ばす従来のビジネスモデルはもはや古い。莫大なコストがかかるだけだ。

電話ひとつとっても、電話線を使わずにスカイプやＩＰ電話などのインターネット回線を利用する若者が多い。お互いの部屋にいる時、ＬＩＮＥ電話をつなぎっぱなしにするカップルもいる。それもこれもインターネット（お互いの家にWi-Fiが飛んでいる）が整備されたからこそだ。

話を戻すと、テレビ放送もアプリで視聴できる。ＮＨＫの「クラシック音楽館」も、アプリなら好きな時間に視聴できるのだ。

そんな中で、YouTubeはもっともポピュラーなターミナルのひとつで、特にコロナ禍では「配信」による演奏会を多くのピアニストが行ってきた。ショパン・コンクールもヴァン・クライバーン国際ピアノコンクールも、ネット配信で視聴して「#亀井聖矢さん　サイコーによかった！」なんてツイートで溢れている。

思い出してほしい。かつて、ショパンやリストはサロンと呼ばれる閉じた空間で生演奏をしていた。それが、オペラハウスやコンサート・ホールになり、演奏の模様はレコードに録音され、ＣＤになり、そのＣＤと同じ音質をストリーミングで、しかも定額でいつでも聴けるサブスクリプションが主流になった。もう、新宿からお茶の水までお目当てのＣＤ（あるはレコード）を探して歩く人はいない。

撮影された演奏会の映像はビデオになり、ＤＶＤになった。それが、動画として世界中に配信され視聴される。

もちろん、音楽家たちはさまざまな会場で生演奏もする。ただ、それが生配信という形で全世界で視聴できる。デバイスはさまざま。視聴するスタイルもさまざま。

そう、これぞサイバー空間。

このサイバー空間というやつは、これまでのあらゆるコンテンツやソフトを一気に飲み込んでいる。そして、オンデマンドで自在に出力してくれる。

あなたの身近にあるコンテンツ、あれもこれもだ。たとえば、テレビドラマ。たとえば、映画。

映画やアニメの世界でもピアニストは活躍する。

音大を舞台にした人気コミック『のだめカンタービレ』のドラマ版では、清塚信也のピアノが聴ける。彼は千秋真一（玉木宏）のすべてのピアノ演奏の吹き替えを担当しているのだ。天才ピアニストの少女を描いた映画『神童』の菊名和音（松山ケンイチ）のピアノも彼の演奏だ。さらには清塚本人も講師役で出演している。成瀬うた（成海璃子）のピアノを担当したのは和久井冬麦《むぎ》（1994年、東京生まれ）。三浦友理枝も相原こずえ役で出演している。

主人公の天才少年がショパン・コンクールに挑戦する人気コミック『ピアノの森』のアニ

メ版では、反田恭平と高木竜馬がピアノ演奏を担当した。

ピアノコンクールを舞台にした映画『蜜蜂と遠雷』では、栄伝亜夜（松岡茉優）を河村尚子、高島明石（松坂桃李）を福間洸太朗、マサル・カルロス・レヴィ・アナトール（森崎ウィン）を金子三勇士、風間塵（鈴鹿央士）を藤田真央が、それぞれピアノ吹き替え演奏を担当した。そして、それぞれ映画で使われた演奏曲を収めたCDもリリースされている。

ピアノ調律師を主人公とした映画『羊と鋼の森』はエンディングテーマこそ辻井伸行が担当しているが、女優の上白石萌音《もね》と上白石萌歌《もか》の姉妹は自身でピアノ演奏を披露している。彼女たちは音大でピアノを学んだわけではないが、母親がピアノ教師で幼い頃からピアノ・レッスンを受けていたらしい。

アカデミー賞６部門を制した映画『ラ・ラ・ランド』でもライアン・ゴズリングは猛特訓の末、自身でピアノ演奏をしているし、ストリートピアノを弾いていてパリ音楽院のディレクターに見出《みいだ》される若者を描いた映画『パリに見出されたピアニスト』でも主役のジュール・ベンシェトリは数ヶ月間のピアノの猛特訓を行ったという。

逆に、音大のピアノ科を出て女優になった松下奈緒（１９８５年、川西生まれ）のような例もある。

そう、ピアノ演奏とその他の表現はボーダーレス化しているのだ。ピアニストが演技まで幅広く行わないまでも、作編曲を手がけたり、指揮者に転身したりするケースは多い。

このように、ピアニストといってもさまざまなメディアでの仕事がある。普段行うのとは異なるこんな仕事のオファーはどこから来るのか。コンサート・ピアニストなら1年先までスケジュールが埋まっているものなのでは……!?

ということで、ここでマネジメント・オフィスの話をしなければいけない。

マネジメント・オフィスという存在

たとえば、エンタメ王国・アメリカにもコロムビア・アーティスツ（日本コロムビアとは無関係）というばかでかいマネジメント会社がかつて存在していた。ここぞとばかりにニューヨーク、カーネギー・ホール近くに事務所を構えていた。が、コロナ禍の影響で活動を停止してしまった。

かつては、イーゴリ・ストラヴィンスキー、セルゲイ・プロコフィエフからはじまり、ウラディミール・ホロヴィッツ、ユーディ・メニューイン、ヤッシャ・ハイフェッツ、ムステイスラフ・ロストロポーヴィチ、ユージン・オーマンディ、オットー・クレンペラー、ヘルベルト・フォン・カラヤン、クラウディオ・アバド、リッカルド・ムーティ、ダニエル・バレンボイム、アルトゥーロ・ベネデッティ・ミケランジェリ、マウリツィオ・ポリーニ、アンネ＝ゾフィー・ムター、ワレリー・ゲルギエフなどというビッグネームが所属（あるいはエージェント契約）していた。

コロムビア・アーティスツ。英語で表記するとColumbia Artists Management, Inc.。頭文字を取ってＣＡＭＩである。

１９７２年（昭和47年）に社長の座に就いたロナルド・ウィルフォードは、やがて主要な指揮者を自分の傘下におさめ、主なオーケストラのシェフを決めるのはウィルフォードだといわれるまでになった。

ひとつだけ象徴的なエピソードを披露しよう。

１９８９年（平成元年）、パリ市当局はオペラ・バスティーユ（パリ・オペラ座）を立ち上げる際、音楽監督に内定していたダニエル・バレンボイムとの契約を破棄した。バレンボイムが法外なギャランティを要求したからだと伝えられている。この件に対して（ＣＡＭＩの傘下にある）有名な指揮者たち――カラヤン、ムーティ、マゼールなど――がこのことに対する反対意見を表明した。パリ市は屈しなかった。バレンボイムを復帰させず、当時はほとんどキャリアのなかったチョン・ミョンフン（１９７４年のチャイコフスキー・コンクールで２位になったピアニストから指揮者に転身したばかりだ）を音楽監督に抜擢したのだ。彼は見事にこのオペラハウスを成功に導いた。

しかし、１９９４年（平成６年）、彼はオペラ・バスティーユの音楽監督を解任された。この時、オーケストラのメンバーたちによって「われわれのシェフを返せ」という横断幕が会場に掲げられたという。

ま、あの頃のクラシック音楽界は一事が万事こんなふうだった。

ＣＡＭＩはカラヤンと組んで、とりわけ映像事業で莫大な利益を上げた。カラヤンはそれまでヨーロッパでは宗教行事から発生した極めて牧歌的な側面の強かったクラシック音楽のコンテンツを、ビジネスに変えた男だ。そのビジネス・マインドたるや、かつてのスティーブ・ジョブズ、今でいうところのイーロン・マスクのそれのようだ。

実は小澤征爾もＣＡＭＩのアーティストだった。彼のボストン交響楽団時代のマネージャーだったピーター・ゲルブはＣＡＭＩを経て、メトロポリタン歌劇場の総裁に就任した。

２０１５年（平成27年）にウィルフォードは死去。そして突然世界を襲ったコロナ禍によりCAMIは閉鎖の憂き目にあった。栄枯盛衰である。

翻って、わが国にもクラシック音楽家のマネジメント・オフィスはある。

1951年（昭和26年）に設立された梶本音楽事務所（現・KAJIMOTO）、1976年（昭和51年）に設立されたジャパン・アーツである。

この2つが大手といわれている。

KAJIMOTOには、マルタ・アルゲリッチ、マウリツィオ・ポリーニ、ファジル・サイ、イーヴォ・ポゴレリチ、ユジャ・ワン、ピエール＝ロラン・エマール、ラン・ラン、広瀬悦子、小菅優、北村朋幹、江口玲、小林愛実ほか、ジャパン・アーツには、クリスチャン・ツィメルマン、ユンディ・リ、ラファウ・ブレハッチ、チョ・ソンジン、舘野泉、横山幸雄、河村尚子、金子三勇士、藤田真央、牛田智大、松田華音、アリス＝紗良・オット、仲道郁代、上原彩子、福間洸太朗らが所属（またはエージェント契約）している。ピアニストだけでこのメンツである。指揮者、弦楽器奏者、声楽家を含めると、大変な大所帯になる。

ほかにも、新演コンサート、東京コンサーツ、コンサートイマジン、コジマ・コンサートマネジメント、オフィス・フォルテ、アマティ、ミヤザワ&カンパニー、プロアルテムジケ、パシフィック・コンサート・マネジメント、ソナーレ・アートオフィス、ヒラサ・オフィス、オフィス諷雅《ふうが》、ノヴェレッテ……などざっと挙げただけでもマネジメント・オフィスはけっこうある。所属アーティストのマネジメントやマスコミ対応まで行うオフィスから、コンサートの企画・運営だけ扱うオフィスまで業態はさまざまだ。

もちろん、日本のオフィスはＣＡＭＩのような政治的なアクティビティを行うところは（多分）ない。そういった仕事は、むしろ電通・博報堂といった広告代理店が担っている。

蛇足だが、清塚信也はトライストーン・エンタテイメント、松下奈緒はジェイアイプロモーションという芸能事務所に所属している。両者とも音大出身のピアニストではあるが、タレント業に軸足を置いているケースだ。

松下奈緒は女優業が中心。ピアニストとて、マスコミ露出が多ければ多いほど有名になる。小原孝しかり、清塚信也しかり。人に知ってもらう大事さを彼らはよく分かっているのだ。あくまでマネジメント・オフィスの仕事はアーティストを世の中に紹介する橋渡しをすること。それがピアニストなのか女優なのかは瑣末なことだ。

そして、エージェント契約。タレントの加藤浩次が勝ち取ったあのエージェント契約だ。

２０２０年（令和2年）からチケット販売サイトのイープラスがエージェントビジネスをスタートさせ、角野隼斗、髙木竜馬、大井健、亀井聖矢、紀平凱成《きひらかいる》（２００１年、福岡生まれ）のほか、サックス奏者の上野耕平（１９９２年、水戸生まれ）、反田恭平率いる株式会社NEXUSとエージェント契約を結んでいる。

イープラスは、１９９９年（平成11年）にセゾン・グループとソニーとその関連会社が50%ずつ出資してできたチケット販売サイト。２００９年（平成21年）よりファミリーマートとの提携により、一気にシェアを伸ばし、配信ライヴの有料オンラインチケット販売も扱うなど新しい時代のデバイスやシステムに対応している。

従来のマネジメント・オフィスではなく、こうした企業とパートナーシップを構築する若きピアニストが出てきたこと自体、何やら新しい時代の萌芽をみるような気がする。私はエージェント契約にしてください、なんていい出すピアニストが、それまではいなかったんだから。

プロのピアニストになるということ

さて、ジュニア（小学校就学前後）の頃からピアノの稽古を続け、音大に入り、人によっては海外に留学し、コンクールに入賞し、音大を卒業。読売新人演奏会（２０２０年に惜しくも終了）のステージにも立った。さぁこれからどうしようといったところで、多くの若きピアニストたちは立ち止まってしまう。

ここまでは芸術家を養成する教育プロセスの中に身を置いていたのだ。決して少なくないコストをかけて。意地悪な視点でものをいうと、ここまでは消費である。もちろん、目に見えないものにコストをかけてこその教養なので、それまでのピアノのレッスンは決して無駄ではない。

だが、それはそれとして、まったく別のステージ、すなわちコンサート・ピアニストとして活動したりＣＤをリリースすることはプロの演奏家の仕事になる。
コストをかけてピアノを弾くのではなく、ピアノを弾いてフィー（報酬）を得るのだ——。
たとえば牛田智大。

結局のところ、彼はワルシャワの審査員たちにショパンに関するサムシング・ニュー（ブルース・リウがセミファイナルで弾いた《ドン・ジョヴァンニ変奏曲》のような）を提示できなかっただけで、ワルシャワから帰ってきて半年後に、東京オペラシティとサントリーホールでのリサイタルを成功させている。そう、彼は何年も前から多くの聴衆を幸せな気分にさせることのできるコンサート・ピアニストなのである。

彼のようなコンサート・ピアニストになるにはどうすればいい……多くの者はここで立ち止まる。

もちろん、ピアノを教えるという大事な仕事もある。それは伝統的なメソッドを次の世代に継承していくという重要な役割も担っている。そして、ピアノを学んだ多くの者がさまざまな形で教師になる。マスタークラスや大学で教えるだけではない。上原彩子のようにモスクワの大きなコンクールに優勝しても、今川裕代（福井生まれ）のようにShigeru Kawai の類稀《たぐいまれ》なる弾き手であっても、きっちりジュニアの指導をする。メソッド云々だけではなく、自分たちが19世紀から連綿と続くクラシック音楽の大きな流れの中に身を置いている、という事実をきちんとイメージできているのだ。

それでも、どうしてもオーケストラをバックにコンチェルトを弾きたい、大きな会場でリサイタルを開きたい、と願う者も少なからずいる。刹那的に、あるいは個人主義的に。そのためのノウハウを知り尽くしたマネジメント・オフィスのバックアップなくしては成り立たない世界であることを、そのステータスを強く望んではじめて知る。

たとえばあなたが弦楽器奏者だとする。日フィルに乗りたいな、と思ってもすぐには乗れない。

トラ（エキストラ）でなら乗るチャンスはある。オーケストラの団員は、すべてのプログラムに乗るわけではないからだ。その日の板（ステージ）に乗れない演奏者の穴をフリーの演奏家、音大生、大学院生で埋めるのだ。正式な団員となると、欠員が出て、オーディションがあって合格してはじめてオーケストラのホームページに名前を載せることができる。

ピアニストはもっと大変だ——。

そもそもオーケストラにピアニストの席はない。ピアノ・コンチェルトがプログラムに上がってはじめて呼ばれる。しかも、誰を呼んで何を弾いてもらうか、によってチケットの売り上げが違ってくるのだから運営側も頭を悩ませることになる。

室内楽ならもう少し小回りは利くのだけれど、残念ながらこの国でピアノ・トリオがツアーに出て喜ぶ客層はほとんどない。室内楽に親しむなんて、そんな文化はない。まだ、人気ピアニストのリサイタルの方が集客が期待できる。

フジコ・ヘミングのように、強くこう思えるかどうかだ。

このまま平凡なピアノ教師のままで終わりたくない——。

しかし、友よ、時代は変化しつつある。5Gによって。スマホという極めてパーソナルで、とても小さなデバイスによって。YouTubeやTikTokというプラットフォーム（アプリ）

によって。

まずは、かてぃんの話からだ。

日本のピアニストの現在地

角野隼斗はショパン・コンクールのあと、少しだけヨーロッパを旅して回った。その時、いろいろな街で声をかけられることがあったという。ショパン・コンクールを見た人から、彼のYouTubeを見た人から、だ。

彼の母親はピアノ講師で個人のピアノ教室を開いており、彼は3歳から母親の指導を受け、6歳から別の教師についた。リビングにグランドピアノがある家庭に生まれたこと自体、幸運といわねばなるまい。

そして、開成中学、開成高校、東京大学、東京大学大学院と、音楽教育の現場ではないところで過ごし、大学院生の時に獲得したピティナ特級グランプリを足がかりにショパン・コンクールにエントリーしたのが彼だ。

かてぃんのYouTubeチャンネルの登録者数は100万人を超えた。再生回数も1億回を軽く超えている。それだけ見ると立派な〝稼げるYouTuber〟のひとりだ。

先ほども書いたが、イープラスとエージェント契約をしている。ＣＤもeplus musicからリリース。

どこまでもクレバーだ。

反田恭平はむしろYouTube以外のことに貪欲にチャレンジしているのだ。

まず、自らオンラインサロンを立ち上げている。そして、ラジオ番組でパーソナリティをつとめている。自伝的エッセイ『終止符のない人生』の著者でもある。彼の率いるＮＥＸＵＳ（務川慧悟やヴァイオリニストの岡本誠司らが所属）はイープラスとエージェント契約を結び、レコードレーベルNOVA Recordも立ち上げている。

そして、出色なのはプロのオーケストラまで作っていることだ。ジャパン・ナショナル・オーケストラというプロのオーケストラの創設者のひとりなのだ。このオケの入団条件は「毎年、東京と奈良でリサイタルを開く」こと。ひとりひとりがリサイタルを開けるようなスキルも持っていないと入団できない。２０３０年（令和12年）にはアカデミー（音楽院）の創設も目指している。教師になっていつかショパン・コンクールで優勝するピアニストを育てたいという。指揮者としてのキャリアも視野に入れている。

注目すべきは、Japan National Orchestra 株式会社を立ち上げたことだ。奈良にある世界的工作機械メーカーのＤＭＧ森精機（一般財団法人森記念製造技術研究財団）と彼が率いるＮＥＸＵＳの共同出資。資本金１０００万円。それゆえ会社登記は奈良。奈良市の「魅力発信パートナー」にもなった。こうして、ＭＬＭナショナル管弦楽団からジャパン・ナショナル・オーケストラに改名したプロのオーケストラは、しっかりとした資本をバックにして奈良を拠点に始動した。社員（オケの団員）が無料で食事をすることができる場所もある。まるで、社内にあるフードコートで社員は無料で食事ができるGoogleのようだ。

奈良――。あえて東京じゃなくてもいいじゃんという柔軟な発想。東京、浜松、松本、水戸、金沢と肩を並べる音楽の都を創出する、あるいは古都・奈良をリボーンさせるという意味もあるかもしれない。京都と肩を並べ、海外での知名度もある。ドレスデンやボローニャのように。出資者がたまたまそこに因《ちな》んでいただけなのかもしれないが、それを逆手にとって未来に結びつける、という悠然たる大きな着眼点には驚く。

そして彼らは、イープラス、東京都豊島区と組んで「STAND UP! CLASSIC FESTIVAL」という音楽イベントもリスタートさせた。ゆくゆくは音楽祭も開きたいという。

さらには、反田恭平はＢＭＷというドイツの高級車メーカーからのスポンサードを得た。

彼が何をした？　ワルシャワで数週間、ショパンを弾いただけだ。

その自ら運命を切り開いていこうとする力、そしてその志たるや、かつて「子供のための音楽教室」を立ち上げた斎藤秀雄やスズキ・メソードをスタートさせた鈴木鎮一のようだ。日本中にオーケストラがたくさんあり、多くの先輩たちは完成されたシステムの渦の中でピアニストとして泳いでいくのに精一杯なのに、である。ついでにいうと彼はまだ20代の若者ですよ。

このように、角野隼斗や反田恭平の従来のピアニスト像の枠を外れたユニークなアクティビティには驚かされるが、他の若い世代のピアニストたちも彼らに負けてはいない。

たとえば、阪田知樹は『ヴォカリーズ』という自身が編曲したスコアを出版したし、福間洸太朗はフィギュアスケートとコラボをしたり、コンサートのプロデュースも行う（福間も編曲を手がけている）。

たとえば、ハンガリーで金子三勇士が何年もすっ飛ばして上の学校に進学したように、亀井聖矢や太田糸音が通常より若い年齢で大学に入学している（やっと日本でも飛び級が認められたのだ）。

そして、亀井は２０２２年（令和４年）のヴァン・クライバーン国際ピアノコンクールのセミファイナリスト、太田は２０２２年の仙台国際音楽コンクールで3位になった。

彼ら若い世代のピアニストたちを見ていると、時代がひとまわりして、音楽家たちが奔放に振る舞っていた19世紀後半のパリのような自由な空気を感じる。５Ｇ（やがて６Ｇになる）とスマホが、彼らの発想力が、封建的で生き苦しかったクラシック音楽の世界に風穴を開けつつある。

そんな新しいツールを手にした若きピアニストたちによって、新しい世界が展開（あるいは再構築）するのではないか、という気がして仕方がない。

我々が今、目にしているのは、新しいピアニスト像、そしてその黎明期の原風景だ。

付録

日本のピアニスト・ディスコグラフィ30

付録として、本編に登場した日本のピアニストたちのCDをご紹介したい。

CD、レコード（あるいはCD化も含む）をリリースしているピアニストであっても録音コンディションのよくない場合もあり、そんな諸事情を鑑みて中村紘子以降のピアニストを中心に取り上げることにする。

発売時にはレコードだったりCDだったりと媒体はさまざまだけれど、現在では配信でほとんどのタイトルを聴くことができる。ただ、一部ストリーミングに音源を提供していないピアニストもいるので、そんな場合はCDを探していただきたい。

また、「日本のピアニスト・ディスコグラフィ30」は「日本のピアニスト・ベスト30」ではない。この点も、ご理解を賜りたい。

なお、レーベルの後にはリリース年ではなく、録音年を記している。


（本文中の年表記は西暦のみとする）

◆中村紘子　《グランド・リサイタル》avex-CLASSICS、2004年

ＣＢＳ・ソニーレコード（当時）の専属アーティスト第1号だった中村は、avex-CLASSICSが立ち上げたクラシック・レーベルでも国内アーティスト第1号になった。その道の第一人者は、とかくそういう巡り合わせになるものだ。

デビュー45周年を記念してベルリンのテルデック・スタジオで録音された本作、バッハ《パルティータ第1番》ではじまり、ショパン《華麗なる大円舞曲》《小犬のワルツ》《別れの曲》など、これでもかとばかりに彼女の得意曲が並ぶ。コンサート会場で生演奏に接した方も多いとは思うが、中村紘子のショパンはほんとうに華がある。《ピアノ・ソナタ第17番・テンペスト》も難しい顔をしないベートーヴェン。このあたりも中村紘子らしくていい（聴いている人を置いてけぼりにしないのだ）。

コンサート・ピアニストかくあるべき、という圧倒的な構成力、流麗なるピアニズム。レジェンドの魅力がギュッと詰まった1枚。

◆内田光子　モーツァルト《ピアノ・ソナタ第8番》《第11番》《第14番》《第15番》
DECCA、1983、84、85年

1982年のロンドンでの「モーツァルト・ピアノソナタ連続演奏会」の成功により（ショパン・コンクールで2位になったとはいえ）世界的にはまだブレイクしていなかった内田光子は、フィリップス・インターナショナル（当時）との契約を勝ち取った。そして、1983年から録音がスタートしたモーツァルト《ピアノ・ソナタ全集》は、1989年の『グラモフォン』誌の「レコード・オブ・ジ・イヤー」を受賞。そんな記念すべき全集からの1枚を今いちど聴いてみよう。

K.331なんて、もう何度も弾いたり聴いたりしている曲が、ほら新鮮に聞こえるでしょ。ピアニスト本人の姿ではなく、モーツァルトのいたずらっぽい横顔が浮かんで来るでしょ。18世紀のザルツブルク、あるいはウィーンの空気。そぞろ歩く貴族たち。ロンドンの雑踏かもしれないし、ライン河のゆったりとした流れかもしれない。そんな情景が浮かんでくるでしょ。

このあと彼女はシューベルト、ベートーヴェンとドイツ・オーストリア音楽の中核へと突き進んでいく。ウィーン人の心の裡《うち》を嘆き吐露するようなシューベルト、その深淵なる精神に迫るベートーヴェン。

来日（！）公演を見るチャンスがあったなら、是非！

◆フジコ・ヘミング《カーネギー・ホール・ライヴ》アルティス弦楽四重奏団ほか、Victor Entertainment、２００１年

賛否両論あるピアニスト、フジコ・ヘミング。けれどもう、指が回ってないだの、スコア通り弾いてないだのといった議論は横に置いておく。フジコ・ヘミングという魅力あるピアニストの人生が発露したそのパフォーマンスに拍手を贈れるだけの教養が聴き手にあるのか、ないのか、というエッジに我々は立っているのだ。それでも目くじらを立てたいのなら、彼女がかつて踏んだことのある「日本音楽コンクール２位」という階段からの風景を一度見てからにした方がいい。

パガニーニによる大練習曲第3曲、嬰ト短調。通称「ラ・カンパネラ」。イタリア語で「鐘」という意味だ。

「ぶっ壊れそうな〈鐘〉があったっていいじゃない、私の〈鐘〉だもの」（『たどりつく力』フジコ・ヘミング）と本人も語る。

ああそうだね、と素直に頷《うなず》けるだけの寛容さをヨーロッパの聴衆は持っている。成熟は寛容をもたらすのだ。じゃあニューヨークの聴衆は？

カーネギー・ホール・ライヴという看板に偽りはなさそうだ。

◆舘野泉　《アイノラのシベリウス》Triton、１９９４、95年

シベリウスが晩年まで住んでいたフィンランドのトゥースラ湖畔ヤルヴェンパーにあるアイノラ山荘。その山荘にあったシベリウスが愛用した１９１５年製のＮＹスタインウェイを使って、舘野が奏でしシベリウス珠玉のピアノ作品たち。このピアノを所有するアイノラ財団が、フィンランド音楽に貢献したことで舘野に特別に使用を許可したことでこの

セッションは実現した。シベリウス自身が愛用したピアノによる録音は世界ではじめてだ。なんと素朴でチャーミングなピアノの音。すぐそばで彼にピアノを弾いてもらっているような贅沢な時間が流れる。《5つのスケッチ》《樹の組曲》《花の組曲》。フィンランドの自然をシベリウスのピアノが歌う。《3つのソナチネ》《5つのロマンティックな小品》《5つの性格的小品》と続くディスク1。《ピアノ三重奏曲・ロヴィーサ・トリオ》《6つのフィンランド民謡》《6つの即興曲》、そして組曲「フロレスタン」からの数曲を収めたディスク2。

左手のピアノ曲に挑むようになってからのアルバムを取り上げるべきか迷ったのだけれど、ピアニスト舘野泉を知るには、まずは北欧ものから。

◆高橋悠治《サティ作品集》DENON、1976-80年

80年代に音大生を中心に吹き荒れた〝エリック・サティ・ブーム〟のトリガーとなった3枚のレコード。我々の世代は、ポリーニのショパン《練習曲集》と同じくらいの頻度で

このレコードを聴いていた（多分）。

実はおしゃれでも、甘ったるくもないサティ。フィリップ・アントルモンとかアルド・チッコリーニのサティの方がよっぽど垢抜けていてポップだ。フランスのサロン・ミュージックという括《くく》りで語られてはいたものの、サティは現代音楽の作曲家なんだよ、という視点で演奏されたエリック・サティ。

音楽史ではうっすらと埋もれていたサティの存在が、環境音楽とかミニマル・ミュージックが台頭してきてのちに光を浴びたというプロセスを考えると、サティの弾き方は高橋のそれをスタンダードと呼んで差し支えなかろう。

◆野島稔《NOJIMA PLAYS RAVEL》Reference Recordings、1989年

1986年にリリースされたリスト作品集で鮮烈な海外デビューを飾った野島稔。そのリストに続いてリリースされたラヴェルの作品集。

《鏡》。パレットの音の多彩さ、リズム造形の巧さ、高速パッセージ、もはや超絶技巧な

んて表現は当たり前すぎて、こちらが戸惑ってしまう。《夜のガスパール》。最初の一音からその〝幻想的な世界〟に引っ張りこまれる。怪しげな弱音、そのスピード感、ダイナミックレンジの広さよ。

野島稔は当時小学生だった藤田真央の才能をいちはやく見抜いた。藤田が全日本学生音楽コンクールの1位になった時のことだ。それから自身が学長を務める東京音大でも藤田の指導をしていた。いわば藤田は野島の最後の弟子のひとりだ。タイプの違うピアニストだけれど、なんとなく師弟のピアノは似てくる。横山幸雄と辻井伸行のように。

◆斎藤雅広《マイロマンス～斎藤雅広の『大人のための』ピアノ・アルバム》
DENON、2000年

彼はNHK教育（現在のEテレ）『趣味悠々～お父さんのためのピアノ講座』という番組の講師を務めていた。この番組用に『いますぐ始めるお父さんのためのピアノ講座』というテキストも発売されていて、〝藝大のホロヴィッツ〟がピアノ初心者のために、それこそ手取り足取りピアノのお稽古をしていた。本作はいわばそのＣＤ化である。斎藤はこれに続いて、『趣味悠々～秘密のテクニック教えます！かっこよく弾く簡単ピアノレッスン』という講座も受け持っていた。

こんなふうに、ＴＶ番組出演のほか、オーケストラとの共演はもちろん、室内楽、指揮・編曲、コンサートのＭＣなど多方面で忙しい人だった。

そんな本作は、ショパンの《雨だれ》やドビュッシー《亜麻色の髪の乙女》といったクラシックの名曲から、《アズ・タイム・ゴーズ・バイ》《ニュー・シネマ・パラダイス》など映画音楽、《マイ・ファニー・ヴァレンタイン》といったジャズの小品も収録。洒脱なピアノ弾きの横顔がすーっと浮かび上がってくる１枚。

◆岡田博美　アルベニス《イベリア全曲》カメラータ・トウキョウ、１９９８年

10年ちょっと前、パリからベルリンの大学へ移ったばかりの福間洸太朗にいちばん好きな作曲家を訊くと、「アルベニスです」という答えが返ってきた。その時「アルベニスと

いえば岡田さんだよね」という話をした。アルベニスの超絶技巧を要求する難易度の高いスコアのせいか、コンサートで演奏するピアニストは少ない。

それから数年後の２０１３年、私はトッパンホールで岡田博美のアルベニス《イベリア全曲》というプログラムを聴いた。春秋社（当時）の編集K女史のお声がけである。春秋社から組曲《イベリア》のスコアが出版されているという縁もあってのことだ。

その夜は、あっという間に《イベリア全曲》を聴き終えていた。若々しく時に老獪で、一音一音大事に弾く。その圧倒的な集中力。しかも、涼しい顔で。そういえば彼は〝桐朋のポリーニ〟と呼ばれていたが、求道者のような姿勢は確かにポリーニのそれである。アンコールのアルベニス《ナバーラ》を演奏する前に「セヴラック補筆版は盛り上がりに欠けるので」と語り、自ら補筆したスコアによる演奏を披露した。
と、ここまでは私が見たトッパンホールでの話です。

本作は１９９８年に紀尾井ホールで録音されたもの。２０１３年の夜を彷彿《ほうふつ》とさせる名演だ。福間洸太朗も（冒頭の会話のすぐあと）２００８年にアルベニス《イベリア》をリリースしているので、聴き比べてみてほしい。

◆小山実稚恵　バッハ《ゴルトベルク変奏曲》Sony Music、2017年

音はしっかりと響くのだけれど語り口が柔らかい。淀みなく、どこまでもイノセントなバッハ。温かみのある彼女のパーソナリティがここでも表出している。デビュー30周年、30枚目のアルバムで初の全曲バッハ録音。ショパン、ラフマニノフ、リスト、スクリャービンと幅広いレパートリーを誇る彼女でさえ、なかなか録音するに至らなかったバッハの静謐《せいひつ》な世界。もちろん、自身のコンサートでも取り上げ、ＣＤ化が待たれていた。いわばファン待望の1枚である。

そして、もうひとつ。ヤツェク・カスプシク指揮でポーランドのオーケストラ、シンフォニア・ヴァルソヴィアとのエキエル編による原典版のショパン《ピアノ協奏曲第1番》《第2番》は、ワルシャワを目指す若きピアニストの指針になる。

◆横山幸雄《シェール・ショパン》Sony Music、1998年

ショパン作品は、「もはや他人の曲を弾いている感じがしない」と本人が語るように、もはや横山幸雄ではなくユキオ・ヨコヤマの世界だ。《幻想ポロネーズ》でスタートし《舟歌 嬰へ長調》で終わるこのアルバムは「あるショパンな1日」という意味のタイトルがつけられている。《華麗なる大円舞曲》《小犬のワルツ》《別れの曲》《雨だれのプレリュード》といったおなじみの名曲が並ぶ。時にゴージャスに、時に洒脱に。

ショパン・コンクールで入賞した日本人ピアニストは何人もいるけれど、ずっとショパンを弾き続けるのは難しい。よく「ショパンを聴くなら誰がいい？」と訊かれる。その時は「横山さんでしょう」と答えることにしている。ホロヴィッツでもルービンシュタインでもなく。なぜなら、横山幸雄はコンサート会場で生演奏を聴けるからだ。

ショパン入門の1枚としても最適。

◆清水和音《マイ・フェイヴァリッツ》Triton、2008年

若い世代のみなさんは知らないと思うのだけれど、清水和音は80年代の若手のエースだった。今でいうと、牛田智大とか、藤田真央とか、かてぃんとか、反田恭平みたいな存在。そんな彼の文字通り名刺がわりの1枚。

メンデルスゾーン《春の歌》《胸騒ぎ》、ドビュッシー《夢》、ラヴェル《亡き王女のためのパヴァーヌ》《水の戯れ》など自選の名曲が並ぶ。

20歳でロン＝ティボーを制してしまったばっかりにマスコミに追いかけられ、日本中のあちこちで演奏会が立ち上がる。時代の寵児だ。甘いルックスに生来の美音。熱心にさらっていたわけではなく、その割りにさらっと暗譜ができてしまう。天才である。

ただ、本人は人前でピアノを弾くのが嫌で嫌で仕方がないという。まるでアルゲリッチのようだ。

嫌だ嫌だといいながらレパートリーはふえ、ピアノの音も深みを増し、気づけばベートーヴェンの《ピアノ・ソナタ全集》も完成させている。特に「自分で、『これはほんとに練習したぞ』って思ったのはあの曲だけだもの」（『ピアニストを生きる―清水和音の思想』清水和音・青澤隆明）という《ハンマークラヴィーア》は聴きもの。こちらも是非。

◆小川典子　《武満徹 ピアノ作品集》BIS、1996年

スウェーデンのレーベルＢＩＳと専属契約し、小川典子が最初に録音したのが本作。《リタニ》《遮られない休息》《ピアノ・ディスタンス》《雨の樹素描》など武満の代表曲が聴ける。

武満徹はいかように弾くのが正解なのか難しい。それゆえ、日本を代表する作曲家なのに取り上げようとするピアニストは少ない（高橋悠治はドイツ・グラモフォン、小賀野久美はＤＥＣＣＡ、藤井一興はfontec、福間洸太朗はＮＡＸＯＳからそれぞれＣＤをリリースしているのでご参考あれ）。

多くの場合は武満本人と交流があってそこからフィードバックをしたり、インスピレーションを得たりするが、小川の場合はタケミツの紹介者としてイギリスＢＢＣのクラシッ

ク音楽番組に出演したという経緯もある。

小川のエッジの利いたビビッドな音色はドビュッシー作品でも生かされているのだけれど、その刹那的な美しさにはっとする瞬間も多い。

彼女はリシャール・デュビュニョンやグラハム・フィトキン、藤倉大《だい》など現代音楽の作曲家の作品も積極的に取り上げている。そうしたアクティビティにも注目したい。

◆仲道郁代　《シューマンファンタジー》ＲＣＡ、２０１７年

デビューアルバムでブラームス《間奏曲 作品１１７》とともにシューマン《ピアノ・ソナタ第3番》をチョイスした仲道。自分はどんなピアニストなのかという決意表明、あるいは告白だ。

そして、デビュー30周年を経て録音されたのがシューマンの《ロマンス 嬰ヘ長調》《交響的練習曲 作品13》と《幻想曲 作品17》。

とりわけ録音を熱望していたという大曲2曲（交響的練習曲と幻想曲）は、自身が成長

するまで蓋《ふた》をしていたという。国内外のオーケストラと堂々と渡り合うコンサート・ピアニストとしての仲道が、ふと振り返る青春の譜。一瞬にしてその音楽世界に引き込む魔力は健在、夢みがちなシューマンではなく、大きな意志を持って紡ぎ出される幻想的なテクスチュア。カラヤン&ベルリン・フィルの（もうひとつの）ホームグランドだったベルリン・イエス・キリスト教会の響きは、聴く者を幻惑する。

ジャケットに示されている、ホロヴィッツやハイフェッツのレコードでおなじみだった“RCA RED SEAL”のロゴがまた誇らしげだ。

◆児玉麻里・児玉桃《チャイコフスキー ファンタジー》Pentatone Classics、2016年

普段はそれぞれがソロ・ピアニストとして精力的な活動をしているピアニスト姉妹なれど、ひとたび連弾を始めると、そこから先にはピアノ・デュオのワクワクした華やかな世界が展開する。「ラ・フォル・ジュルネ」などコンサートではしばしば共演している2人

だが、ＣＤでは初共演。オランダ・ヒルフェルスムのＭＣＯスタジオ５で録音された、チャイコフスキーの３大バレエ音楽集だ。《眠りの森の美女》はラフマニノフ編曲による連弾版、《くるみ割り人形》はアレンスキー編曲による連弾版、《白鳥の湖》はランゲリ編曲による連弾版（３曲）とドビュッシー編曲による連弾版（３曲）を弾き分けている。アレンスキー編曲による連弾版はスコア自体が入手困難だったという、レアな環境での録音である。

　音楽が弾け出すような圧倒的なリズムと朗らかな楽音の洪水。ピアノは２人で弾くとこんなに楽しいのだ。

◆田部京子　シューベルト《ピアノ・ソナタ第21番》《3つのピアノ曲》
DENON、1993年

　もともとは藝高生時代に日本音楽コンクール１位になった天才少女。〝藝大でいちばん怖い先生〟田村宏の門下だ。

彼女の出世作はメンデルスゾーン《無言歌集》だが、その評価を決定づけたのはCD5枚に及ぶシューベルトの《ピアノ作品集》だろう。本作はその中から、シューベルトの最高傑作といわれている《ピアノ・ソナタ第21番》を含む1枚。

何という静謐なるシューベルト。耳を澄ましてみると、静かに歌っている。若葉の囁《ささや》きを聞くように、川面を過ぎる風の歌を聞くように。聴く者によって浮かぶ光景はさまざまだが、ピアノの音はこんなにも心地よいものなのか。この私がこのピアノを弾いているのよ、という自意識は影も形もない。これができるピアニストは意外に少ない。

この人は、ブラームス《後期ピアノ作品集》もいい。ドイツ音楽を弾かせたらなかなかの弾き手だけれど、かえす刀で吉松隆の《プレイアデス舞曲集》も録音している。吉松からも一目置かれているピアニストらしい。

◆広瀬悦子　ベートーヴェン（カルクブレンナー編）《交響曲第9番・合唱》　セシール・アシーユ（ソプラノ）、コルネリア・オンキオイウ（メゾソプラノ）、サミー・カンプス（テノール）、ティモテ・ヴァロン（バス）、エカテリンブルグ・フィルハーモニー合唱団、アンドレイ・ペトレンコ（終楽章指揮）Mirare、2020年

彼女の華麗なるディスコグラフィには、ロシアの作曲家セルゲイ・リャプノフの超絶技巧練習曲やブルガリアの作曲家パンチョ・ヴラディゲロフの作品集などのほか、あのミリイ・バラキレフの作品集が並んでいるし、シプリアン・カツァリスとのピアノ・デュオのアルバム（ロシアのバレエ音楽）もある。こんなふうにユニークかつアカデミックな演奏活動を展開する広瀬悦子。フランス在住のピアニストだ。

次に何をしてくれるのか目が離せないピアニストのひとりに数えられる彼女だが、本作は《第九》のピアノ編曲版、しかもリスト編よりも難解なカルクブレンナー編によるスコアを使用しての《第九》である。もっとも巨大な作品ともいうべき《第九》を明快な楽音で見事に弾き切っている広瀬のテクニックにもあらためて驚かされるが、さらに注目なの

がドイツ人カルクブレンナーの編んだスコアで指示されているシャルルマーニュのフランス語訳による「合唱」だ。もちろん世界初録音。

フランス・ナントの「ラ・フォル・ジュルネ」で披露される予定だった世にも珍しいフランス語による《第九》は、それゆえ、この音楽祭の期間中に録音する運びとなった。有楽町（ラ・フォル・ジュルネTOKYO）で、また彼女の演奏が聴ける日を楽しみにしたい。

◆小菅優　藤倉大《ピアノ協奏曲第3番・インパルス》、ラヴェル《ピアノ協奏曲》ほか　ライアン・ウィグルスワース（指揮）、BBC交響楽団、Sony Music、2021年

まるでフランス音楽のような〝華やかでスペクタクルな曲想〟を持つ藤倉大《ピアノ協奏曲第3番・インパルス》は、モンテカルロ・フィル、読売日本交響楽団、スイス・ロマンド管弦楽団の共同委嘱作品で、小菅優に献呈された作品。この《ピアノ協奏曲第3番》

の日本初演時のリハーサルの時、小菅がふと弾いてみせた「カデンツァ」に着想を得て藤倉が作曲したのが《ＷＨＩＭ》である。月の光のようにクリスタルで美しい音色よ。ラヴェルのト長調の《ピアノ協奏曲》はどうだろう。何か、第1楽章から小菅優のピアノがオケを圧倒している。聞かん坊を諭すように囁く第2楽章。そう、アダージョ・アッサイ。突然立ち上がって饒舌に喋りだす第3楽章。

彼女はすでにベートーヴェンの《ピアノ・ソナタ全集》も完成させている。『Four Elements』というシリーズでは「水・火・風・大地」をテーマに1枚ずつアルバムを製作している。その音楽もさることながら、センスのいいアートワーク（ジャケット）も目を引く。

とかく日本ではなんたらコンクールで1位を取ったピアニストだよ、といってその人の音楽を聴くことが多い。じゃあ小菅優って？

彼女のように海外での方がよっぽど有名な音楽家が何人いることか。

◆辻井伸行《début 10 years》avex- CLASSICS、２０１７年

思えば、２００７年のデビューアルバム《début》でも、クラシック作品とオリジナル曲の2枚組のCDをリリースした辻井伸行。あれから10年の月日が流れ、今いちど原点に立ち戻るべく、あるいは10年のキャリアを振り返るべくリリースしたのが本作だ。

今回も、ショパンの《英雄ポロネーズ》《別れの曲》《革命》、ラヴェルの《亡き王女のためのパヴァーヌ》《水の戯れ》、リストの《愛の夢　第3番》《ラ・カンパネラ》など人気曲を集めたディスク1と、オリジナル曲を収録したディスク2の2枚組。タイトル通りデビュー10周年を記念したアルバムであると同時に、弾く方も、聴く方にも、さまざまな思いが去来する。ピアニストとしての軌跡、成長、成熟への渇望。

ボーナストラックとして、服部隆之《真田丸 メインテーマ》（ヴァイオリン&ピアノ版）と《真田丸 真田丸紀行》（ピアノ・ソロ版）が収録されていて、ヴァイオリニストの三浦文彰とのデュオも聴ける。

このアルバムに続いてベートーヴェンの《3大ソナタ》の録音も敢行。グリーグやショ

パンのコンチェルトも録音。コロナ禍にあってはYouTubeチャンネルを開設し、オンライン・コンサートも行った。ヴァン・クライバーン国際ピアノコンクールを制した若者も、はや30代。さらに大きな音楽家として次のステージに向かっているようだ。

◆三浦友理枝《エルガー作品集》シモーネ・ラムスマ（ヴァイオリン）、NAXOS、2005年

avex- CLASSICSからソロピアノのタイトルがたくさん出てるではないか、とユリエファンの方々からお叱りを受けそうだが、あえてこのディスクを選ばせてもらう。

いつものように美しい横顔でピアノを弾く三浦ではなく、じゃじゃ馬をどうにかして慣らそうと奮闘している感じが素晴らしい。2004年ベンジャミン・ブリテン国際ヴァイオリン・コンクールで優勝したシモーネ・ラムスマは、三浦とは英国王立音楽院の先輩・後輩である。一聴すれば分かるが、四方八方に花火が飛び散るようなエネルギッシュなヴァイオリン。そんな荒馬をしっかりとコントロールする三浦の懐の深さよ。

国内でも川久保賜紀《たまき》（ヴァイオリン）、遠藤真理（チェロ）とのトリオでavex-CLASSICSからショスタコーヴィチやラヴェルのＣＤをリリースしている。坂本龍一曲集まである。このトリオ、戦略会議でネーミングからしっかり練り直せば世界で売れるトリオになる可能性を秘めている気がする。各方面は、ご一考あれ。

◆河村尚子　ベートーヴェン《ピアノ・ソナタ集3〜ハンマークラヴィーア&告別》
Sony Music、２０２０年

しっかりと芯のあるピアノの音はヨーロッパの巨匠を思わせる。明快な音色、多彩な表現力。

ベートーヴェン、モーツァルト、シューマン、シューベルト。王道ともいえるドイツ・オーストリアの作曲家に正面から取り組んでいる彼女だが、折しも２０２０年はベートーヴェン生誕２５０周年。そのベートーヴェン・イヤーに向けて2年がかりでベートーヴェンの《ピアノ・ソナタ集》の録音を敢行した。ドイツはブレーメンのスタジオ。ベーゼンドルファー２８０ＶＣを使用。

シリーズ３枚目（完結編）にあたる本作は、《ピアノ・ソナタ 第26番・告別》《ピアノ・ソナタ 第27番》《ピアノ・ソナタ 第29番・ハンマークラヴィーア》を収録。

とりわけ、多くのピアニストが手強い存在だと口々にいう《ハンマークラヴィーア》は出色の出来。ここにきて、伝統的な構造美と瑞々《みずみず》しい楽音を持つ、新しいベートーヴェン像が表出したような鮮烈な《ハンマークラヴィーア》だ。

◆上原彩子　チャイコフスキー《ピアノ協奏曲第1番》ラフマニノフ《ピアノ協奏曲第2番》　原田慶太楼（指揮）、日本フィルハーモニー交響楽団　キングレコード、２０２２年

満を持してのロシアもの、２大コンチェルトのカップリング。

２００２年のチャイコフスキー・コンクールでの優勝からちょうど20年。彼女が師事したヴェラ・ゴルノスタエヴァはネイガウス門下。かのロシア人たちの大きな体躯と大きな

手でこそ紡ぎ出されるロシア音楽のメソッドを、そのテクスチュアを、あまり大きくない日本人女性ピアニストの彼女はものともしない。粒だったクリアな音は馥郁《ふくいく》たるオケの響きに沈むことなく、囁き、歌う。ヤマハのマスタークラスで純粋培養されたロシアン・ピアニズムだ。

本編でも触れたが、結婚・出産を経て、ピアノ一辺倒だった彼女の人生にさまざまなエレメントが加わった。コンクールで優勝した直後、プラハのオーケストラとモーツァルトのコンチェルトで共演した時は、彼女とオケのテンポが合わず、彼女に合わせようともしてくれなかったといったことも経験した。そんなこんなが詰まった濃厚な音楽空間。

チャイコフスキーのコンチェルトは２００５年のラファエル・フリューベック・デ・ブルゴス（指揮）／ロンドン交響楽団との録音と聴き比べても面白い。

また、チャイコフスキー・コンクールのライヴ録音でのラフマニノフ《パガニーニの主題による狂詩曲》も聴きものだ。

◆金子三勇士《リスト・リサイタル》Universal Music、2018、19年

波瀾万丈、大河ドラマ的な構造を持つロ短調の《ピアノ・ソナタ》は、1854年フランツ・リストからロベルト・シューマンに献呈された。その時、シューマンは自殺未遂が原因で入院中。クララ・シューマンには混乱をもたらし、ワーグナーは絶賛の言葉を口にした「いわくつきの難曲」だ。単一楽章で書かれているため、演奏時間は30分前後になる。ひとたびピアニストが演奏会で弾き始めると観客は30分は席を立てないのだ。

金子三勇士による《ピアノ・ソナタ　ロ短調》は再録音となる。これだけたくさんの楽音を演奏するのだから、ピアニストはその人の手の内をほぼ全部晒《さら》さなければいけない。金子三勇士は惜しげもなく自らの大きな音楽性をぶつけてくる。久々にこのワードを使うけれど、凄演である。

《ピアノ・ソナタ　ロ短調》で発揮されたダイナミズムの一方で、《コンソレーション第3番》や《泉のほとりで》で表出する弱音の美しさ、そして儚《はかな》さにも驚く。《メフィスト・ワルツ第1番》で見せる民俗的なリズム造形はハンガリー育ちならでは、だ。

◆福間洸太朗《France Romance》NAXOS、2018年

彼自身が青春時代（パリ音楽院）を過ごしたフランスの名曲をベヒシュタインC・Bechstein D-280で弾いた1枚。

ドビュッシー《夢》《レントより遅く》ではじまり、フォーレ《即興曲》《ノクターン》《3つの無言歌》、ラヴェル《亡き王女のためのパヴァーヌ》と続き、聴くものをパリの気だるい午後に誘う。

自身の編曲によるラヴェル《ラ・ヴァルス》は大胆にして繊細、サティ《ジュ・トゥ・ヴ》はお茶目な装飾音が入っていて、遊び心もにくい。

あるいは、プーランク《エディット・ピアフを讃えて》やワイセンベルクのシャルル・トレネ《パリの4月》といった曲では彼の美質である上品さ、センスのよさが光る。この人はパリ生まれだったっけ!?

ラストのジャン・ルノワール《聞かせてよ、愛の言葉を》まで、クラシックの小品からシャンソンの名曲まで堪能できる1時間14分。

彼のアルベニス《イベリア》も機会があれば是非。

◆藤田真央　ラフマニノフ《楽興の時》、三善晃《ピアノ・ソナタ》ほか
NAXOS、2011、13年

ベートーヴェン《ピアノ・ソナタ第6番》やラフマニノフ《楽興の時》で見せる肩に力の入っていない演奏法を、この人は10代で身につけてしまっている。両者ともそこそこ手強い曲なのに。

《楽興の時》にも増して難曲なのが三善晃《ピアノ・ソナタ》。10代の若者が立ち向かう曲ではない。けれど、藤田真央は立ち向かっている。ほとんど涼しい顔で弾いている。

忘れてならないのは、本作はデビュー・アルバムである。しかも当時は中学生。

何やら悩めるウェルテルのような様子の牛田智大とは対照的に、藤田真央は自由奔放に、あちこちを飛び回っている。世界の巨匠ゲルギエフとも何度も共演している。ソニー・クラシカルともインターナショナルな契約を勝ち取ってモーツァルトの《ピアノ・ソナタ全

集》を録音した。

それにしても、あの呼吸の深いピアノは何なんだ！　音だけ聴くとどこのマエストロかと思う。ヴェルビエ音楽祭２０２２にはアルゲリッチの代役として出演した。

藤田真央と反田恭平は、もう放っておいても大丈夫だ。多分。

◆牛田智大《展覧会の絵》Universal Music、２０１６年

２０１２年、12歳の若さでUniversal MusicからＣＤデビューを飾った。これは日本人ピアニストとしては史上最年少だ。同じ年、東京オペラシティでリサイタル・デビューも成功させている。中村紘子の「ピアニストは10代前半に完成していなければいけない」という言葉をそのまま体現したようなピアニストだ。

そして、本作は若手ピアニストなら避けて通ることのできないムソルグスキー《展覧会の絵》をメインに据えたアルバム。とはいうものの、本作はグリンカ《ひばり》ではじまり、彼の師匠であるヴャチェスラフ・グリャズノフ編曲によるチャイコフスキー《花のワ

ルツ》で幕を閉じる。若々しくて華やかなグリンカとチャイコフスキーだ。

軽やかな《プロムナード》ではじまり堂々たる《古都キエフの大門》で大団円を迎える《展覧会の絵》はその間に差し込まれている。いわば、オール・ロシア・プログラムというコンセプトだ。

思えばこのアルバム録音時もまだ10代半ば。2位になった浜コンに出るのもまだ2年も先だ。このスペクタクルな構造を持つ組曲を噛み砕いて、消化して、どのように弾くのか、十数年後に再録音で聴いてみたい。

◆アリス＝紗良・オット　リスト《超絶技巧練習曲集》Deutsche Grammophon、2008年

名門ドイツ・グラモフォンで鮮烈なデビューを飾ったアリス＝紗良・オット。ドイツ・ハンブルクで録音された彼女のデビュー・アルバムは、いきなりの《超絶技巧練習曲集》だ。ショパンのプレリュードでも、エチュードでもなく。ましてや、得意曲を並べる《ピ

アノ・リサイタル》形式のプログラムでもなく。

タイトルには確かに〝超絶技巧〟というワードがある。けれど、彼女のピアノはそんなことを感じさせない。薄暮の囁き、地鳴りのような咆哮、瞬時にビジュアルイメージが立ち上がる多彩な表現力。ドイツ・グラモフォンのエンジニアは、そんなダイナミックレンジの広い彼女の演奏を、余すところなく掬《すく》い取る。

アリス＝紗良・オットのピアノは、一聴して彼女だなと分かるクリアで美しい音をしている。これは、たとえば《メモリーズ》というベスト・アルバムを聴くと顕著だ。何度も聴いてきた名曲のはずなのに、はっとする瞬間も多い。

本編でも書いたけれど、彼女は《スキャンダル》《ワンダーランド》《ナイトフォール》《エコーズ・オヴ・ライフ》など、シャネルやグッチなどのハイブランドが投入する新ラインのコンセプトのようなスタイリッシュなタイトルのアルバムを次々にリリースしている。なかなかこうしたアーティストは出てこない。

◆松田華音《デビュー・リサイタル》Deutsche Grammophon、２０１４年

美しい音色と端正な造形のベートーヴェン《ワルトシュタイン》やショパン2曲（バラード第1番、英雄ポロネーズ）までの取り澄ましたイメージを、後半に用意された〝ロシアもの〟が容赦なく覆す。

ラフマニノフ《音の絵》（作品39）の《第6番・赤ずきんちゃんと狼》《第5番》《第9番・東洋風行進曲》、そして、スクリャービン《8つの練習曲 第5番》と続くロシア音楽の嵐。ピアノの音を美しく響かせるどころではない。時にはドロドロした感情の発露。《東洋風行進曲》で見せる老獪な悪女の囁き。これがロシアン・ピアニズムの極致なのか。

一転してスクリャービン《ワルツ 作品38》はおすまし顔の貴族然としたピアノ。涼しい横顔で弾く、まるで幻想曲のようなパッヘルベル《カノン》（ピアノ編曲版）。それでいて、ピアノ全体を大きく唸《うな》らせたりもする。

最近は牛田智大とのピアノ・デュオのコンサートも日本で行った。まだまだＣＤのリリースは少ないが、これから何をしてくれるのか大いに楽しみなピアニストだ。

◆角野隼斗《HAYATOSM》eplus music、2020年

この人のピアノを聴いていると、ショパンやリストが闊歩していた19世紀前半のパリにぽーんと放り込んでみたくなる。あるいは「ベル・エポック」から「エコール・ド・パリ」へと至る19世紀末～20世紀前半のパリでもいい。絵筆を握っていたりするかもしれないけれど、でもピアノは弾いているだろうな。

このアルバムはショパン《英雄ポロネーズ》とかリスト《ハンガリー狂詩曲第2番》といったおなじみの曲が収録されていて、間あいだにオリジナル曲がちりばめてある。違和感はほとんどない。

ショパン《ノクターン第9番》は本人の編曲による演奏だし、ショパン《子犬のワルツ》の次にはオリジナルの《大猫のワルツ》。そこここにアイデアが溢れていて、どこまでも自由で、本人も楽しんで弾いていることが伝わってくる。もちろん聴いている方も楽しくなる。

反田恭平もそうだけど、もはやピアニストという枠では語りきれない、アーティストと

しての才気が溢れ出ている。YouTubeを見る習慣のない人は、まずこのアルバムから。

◆反田恭平《ライヴ！》タカギクラヴィア、2014、15年

ショパン・コンクール2位を引っさげて帰国した反田恭平をとりまく熱狂は、クラシック音楽に親しみのない人々をも巻き込んだ。ショパン・コンクールのライヴ録音《第18回ショパン国際ピアノ・コンクール・ライヴ》や《凱旋コンサート サントリーホールライヴ》といったCDもベストセラーになった。ああ、ブーニンのブームもこんな感じだったなと懐かしむ方も多いと思う。

そんな熱狂前夜、反田恭平はホロヴィッツゆかりの1912年製のスタインウェイCD75を弾いてこのアルバムを録音していた。2014年、そして2015年は奇しくも妹分のような朋輩、小林愛実がワルシャワで（最初の）ファイナリストになった年だ。

シューベルト《ピアノ・ソナタ第13番》とショパン《英雄ポロネーズ》、リスト《献呈》（シューマン）以外はすべてロシア（あるいはポーランド）もの。チャイコフスキーの《ワ

ルツ・スケルツォ第1番》《カプリッチョ 作品8》、ミャスコフスキー《ピアノ・ソナタ第2番》、スクリャービン《ピアノ・ソナタ第3番》。モスクワ音楽院に首席（！）で入学したばかりの頃だ。ショパンに食傷気味だという方はこのアルバムを。

◆小林愛実　ショパン《前奏曲集》ほか　Warner Classics、２０２１年

２０２１年のショパン・コンクールのセミファイナル、小林愛実は《前奏曲》全曲を弾いた。鳴り止まない拍手、スタンディング・オベーションをしている審査員も何人かいた。彼女は彼女のやり方で、ワルシャワを魅了してみせたのだ。ブルース・リウが弾いた《ドン・ジョバンニ変奏曲》とともに、この大会のトピックとなった名演だ。

私は２０２０年12月、小平市民文化会館で彼女の《前奏曲》全曲を聴いている。印象に残っているのはアルゲリッチのようなパッションの強さだ。翌２０２１年の4月にこのアルバムが録音され、そして、その年の秋にショパン・コンクール。

一貫して彼女は《前奏曲》全曲をひとつの小宇宙として捉えて、持っている引き出しを

惜しげもなく全部さらしている。このアルバムにはそんな24曲のほかに、《幻想ポロネーズ》《幻想即興曲》などを収録。

２０２２年の３月、サントリーホールでのリサイタルでは、ショパン作品のほかシューマン《アラベスク作品18》とシューベルト《ピアノ・ソナタ第19番》も披露した。

おそらくは、何を弾こうが小林愛実になる。いい意味で、そんなピアニストになりつつあると思う。

あとがき

河合楽器製作所が発表した２０２２年３月期連結決算は、経常利益が73億４０００万円、純利益が50億４６００万円。過去最高である。売上高は（実に）８５７億３０００万円。

グランドピアノShigeru Kawaiは、過去最高の販売台数を記録したという。

コロナ禍のステイホームの影響で、ピアノ（電子ピアノを含む）が国内外で売れまくったのだ。そこへ、１年延期して開催されたショパン・コンクールがやって来た。テレワークやリモート授業でずっと家にいて、スマホでショパン・コンクールの模様が楽しめるなんて、怪我の功名とはよくいったものだ。

ガルシア・ガルシアのようにあんなに楽しそうにショパンを弾かれた日には、ピアノを弾いてみたくなった（また弾きたくなった）と思うのも無理はない。

ショパンの曲をガルシア・ガルシアのように、また弾いてみる。ガジェヴのようにでもいいし、小林愛実のようにでもいい。けっこう指は覚えているものだ。ショパンもバッハもモーツァルトも。怒られながら弾くピアノではなく、楽しさが滲み出てくるピアノ。やっと音楽を演奏する喜びに目覚めたような気がした人も多かったと思う。

元・朝日新聞記者の稲垣えみ子の著書『老後とピアノ』は、そんなピアノ再開組の様子を描いている。コロナ禍で家にいる時間がふえたのでピアノを再開しました、という人がけっこうな数いる。

そう、コロナ禍のせいで、はからずもわが国のピアノ文化が少しだけ成熟をみたのかもしれない。

さて、「１９８０年代前半の大阪」に身を置いていた私は、１９８６年に大学を４年で中退して東京に戻って来た。谷崎テトラは「アニキ（後輩にはこう呼ばれていた）は音楽をやるためにロンドンに行った」といっていたが、実際には行ってない。

東京に帰ってしばらくして、高校時代（都内の私立男子校です）の友人たちと飲み会があり、誰かが「本間、今何やってんだっけ？」と訊いてきた。都内の信用金庫勤務の別の友人が、横から「フリーターでーす」と揶揄してきた。

待て待て。レコードを出す、本を出す、という2択しか考えていなかっただけなのに、勝手にフリーターにされちゃたまったものではない。松前真奈美が「アニキ、才能ある！」といってくれたのに、だ。

そう思った私は「このオーディションがだめだったら就職しよう」と決め、某大手レコード会社のオーディションを受けた。だめだったので1年ちょっとしてから小さな出版社に就職した。

この時のオーディションで合格したのはユニコーンとエレカシ。奥田民生と宮本浩《ひろ》次《じ》だ。ま、この圧倒的な存在感の2人に負けたのだから仕方がない（奇しくもそれは藤田真央が新たにワールドワイド契約したレコード会社のオーディションだ）。

うちには古いクラビノーバがあり、私は毎日のようにヤマハのよくできたその電子ピアノを弾いている。ショパンやモーツァルトではない。オリジナル曲の弾き語りだ。今ではもう、ギターの弾き語りよりピアノのそれの方がラクになった。奥田民生にも藤田真央にもかなわないけれど。

さて、本書で3冊目のお付き合いになった小松現氏は編集長になった。このたびもまた、ありがとうございました。むちゃくちゃハードワークでしたね。

もし、この本が売れたら、ワルシャワ（ショパン・コンクール）とはいわないまでも、松本（セイジ・オザワ松本フェスティバル）か別府（アルゲリッチ音楽祭）に取材旅行へ行きましょう。

読者の皆様にも。ありがとうございます。

ピアノがんばってね。

2022年9月

本間ひろむ

参考文献

『日本のピアノ１００年』前間孝則・岩野裕一（草思社）

『ピアノの日本史』田中智晃（名古屋大学出版会）

『ドラマチック・ロシア in Japan』長塚英雄・責任編集（生活ジャーナル）

『最新ピアノ&ピアニスト』音楽の友編（音楽之友社）

『第18回ショパン国際ピアノコンクール（サラサーテ２０２１年12月号増刊）』（せきれい社）

『ピアノの歴史』小倉貴久子（河出書房新社）

『ピアニストという蛮族がいる』中村紘子（文春文庫）

『チャイコフスキー・コンクール』中村紘子（中公文庫）

『コンクールでお会いしましょう』中村紘子（中公文庫）

『ピアニストだって冒険する』中村紘子（新潮文庫）

『ボクの音楽武者修行』小澤征爾（新潮文庫）

『音楽』武満徹、小澤征爾（新潮文庫）

『フジコ・ヘミング　魂のピアニスト』フジコ・ヘミング（新潮文庫）

『たどりつく力』フジコ・ヘミング（幻冬舎）

『キンノヒマワリ　ピアニスト中村紘子の記憶』高坂はる香（集英社）

『自伝　若き日の狂詩曲』山田耕筰（中公文庫）

『嬉遊曲、鳴りやまず　斎藤秀雄の生涯』中丸美繪（新潮文庫）
『翼のはえた指　評伝安川加壽子』青柳いづみこ（白水社）
『高橋悠治という怪物』青柳いづみこ（河出書房新社）
『ピアニストを生きる——清水和音の思想』清水和音・青澤隆明（音楽之友社）
『ショパン・コンクール　１９２７—２０００』佐藤泰一（春秋社）
『ショパン・コンクール』青柳いづみこ（中公新書）
『指先から、世界とつながる』上原彩子（ＹＡＭＡＨＡ）
『ピアノの名曲』イリーナ・メジューエワ（講談社現代新書）
『絶望している暇はない』舘野泉（小学館）
『点と魂と』小山実稚恵（ＫＡＤＯＫＡＷＡ）
『千住家にストラディヴァリウスが来た日』千住文子（新潮文庫）
『グレン・グールドのピアノ』ケイティ・ハフナー（筑摩書房）

＊その他、関連サイトも参考にしました。

本間ひろむ（ほんまひろむ）

1962年東京都生まれ。批評家。大阪芸術大学芸術学部文芸学科中退。専門分野はクラシック音楽評論・映画批評。著書に『ユダヤ人とクラシック音楽』『アルゲリッチとポリーニ』（以上、光文社新書）、『ヴァイオリンとチェロの名盤』『ピアニストの名盤』『指揮者の名盤』（以上、平凡社新書）、『3日でクラシック好きになる本』（KKベストセラーズ）ほか。新聞・雑誌への寄稿のほか、ラジオ番組出演、作詞作曲も手がける。

日本《にほん》のピアニスト　その軌跡《きせき》と現在地《げんざいち》

2022年10月30日初版1刷発行

著　者 —— 本間ひろむ
発行者 —— 三宅貴久
装　幀 —— アラン・チャン
印刷所 —— 堀内印刷
製本所 —— ナショナル製本
発行所 —— 株式会社 光文社
東京都文京区音羽1-16-6（〒112-8011）
https://www.kobunsha.com/
電　話 —— 編集部03（5395）8289　書籍販売部03（5395）8116
業務部03（5395）8125
メール —— sinsyo@kobunsha.com

ISBN 978-4-334-04632-3

光文社新書

1203
金融DX、銀行は生き残れるのか
遠藤正之

いま銀行ITで何が起きているのか。銀行は、この社会に、この時代に本当に必要なのか。メガバンクで三十二年半勤務した著者が現状を分析し、日本の金融サービスの未来を考える。

978-4-334-04612-5

1204
GHQは日本人の戦争観を変えたか
「ウォー・ギルト」をめぐる攻防

賀茂道子

GHQ民間情報教育局(CIE)の政策やそれに対する日本側の抵抗・協力の動きを検証し、占領期以降の日本人は「戦争の罪」をどのように理解していったのか、日米の心理を明らかにする。

978-4-334-04613-2

1205
緑内障の真実
最高の眼科医が「謎と最新治療」に迫る

深作秀春

失明原因第一位の緑内障。眼圧だけでなく視神経への血流不足や圧迫等も原因とされる。世界最高レベルの眼科外科医が、正しい知識とあきらめないための最新の治療法を丁寧に解説。

978-4-334-04614-9

1206
無国籍と複数国籍
あなたは「ナニジン」ですか?

陳天璽

自ら「無国籍者」として人生の大半を過ごしてきた著者が当事者に焦点をあて、国・国籍・国境を問い直す。トランスナショナルな時代に考えたい「人類社会がこれから向かうべき道」。

978-4-334-04615-6

1207
データ管理は私たちを幸福にするか?
自己追跡《セルフトラッキング》の倫理学

堀内進之介

スマホなどを通じた利己的な自己管理はどのように利他や社会へと接続可能か。リスクを検討しつつも「人文的な」批判に終始せず、慎重で開放的なスタンスから改革を提言する。

978-4-334-04579-1

光文社新書

1208
牟田口廉也とインパール作戦
日本陸軍「無責任の総和」を問う
関口高史

いつ、誰の、どのような意思決定で計画・実施されたのか？　失敗の原因はどこにあるのか？　軍事研究のプロが緻密な分析で、従来の牟田口像とインパール作戦の「常識」を覆す。

978-4-334-04616-3

1209
検証　内閣法制局の近現代史
倉山満

首相官邸や財務省を抑え込むほどの力を持つ内閣法制局。その力の源はどこにあるのか？　ロングセラー『検証　財務省の近現代史』『検証　検察庁の近現代史』に次ぐ、三部作完結編！

978-4-334-04617-0

1210
エベレストの空
上田優紀

緑溢れる麓の街道、標高８０００ｍからの夜明け、天空に突き刺さる黒い頂――。挑戦した人だけが知るエベレストの全貌をネイチャーフォトグラファーが鮮やかな写真とともに描く。

978-4-334-04618-7

1211
鎌倉幕府抗争史
御家人間抗争の二十七年
細川重男

源頼朝亡き後、鎌倉幕府は異常ともいえる内紛と流血の時代を迎えた。御家人同士の抗争劇から浮かび上がる鎌倉時代初期の政治史と、武士たちのリアルな生き様を活写する。

978-4-334-04619-4

1212
萩尾望都がいる
長山靖生

『ポーの一族』『トーマの心臓』『11人いる！』『イグアナの娘』…ＳＦ、ジェンダー、多様性、親子関係etc.、常に時代の先を行くその表現に我々は何を学んだのか。魅力と活躍の軌跡を辿る。

978-4-334-04620-0

1213

いままで起きたこと、これから起きること。
「周期」で読み解く世界の未来

高城剛

社会は循環し、万物に周期が存在する。２０２０年代の現在、あらゆる分野のサイクルが幾重にも重なる転換点に立っている。時代の大波を知り、サバイブするためのヒントを共有する。

978-4-334-04606-4

1214

ＩｏＴと日本のアーキテクチャー戦略

柴田友厚

いま、なぜアーキテクチャー戦略が重要なのか？　トヨタ、ダイキン、コマツ……世界で成功している企業から何が学べるか？　二つの重要なキーワードから、日本企業が採るべき道を探る。

978-4-334-04621-7

1215

会話を哲学する
コミュニケーションとマニピュレーション

三木那由他

会話とは言葉をもって互いに影響を与え合う営みなのか？　漫画や小説などを題材に、コミュニケーションとマニピュレーションという二つの観点から、会話という行為の魅力を解き明かす。

978-4-334-04622-4

1216

昭和の東京郊外
住宅開発秘史

三浦展

戦後、住宅難から発生した土地開発バブルによる悲喜こもごものドラマを経て郊外は発展していった。当時の不動産チラシをもとに跡地を訪ね、家と町の歴史を考証する新しい住宅史。

978-4-334-04623-1

1217

農家はもっと減っていい
農業の「常識」はウソだらけ

久松達央

「農家」の８割が売上５００万円以下という残念な事実／農地転用という農家の「不都合な真実」／――農業に関する様々なウソに丁寧に反論し、これからの日本の農業のあり方を考える。

978-4-334-04624-8

1218
宇宙を動かしているものは何か
谷口義明

約一三八億年前に生まれ、膨張を続ける宇宙。謎が多いこの宇宙は、私たちが思っている以上にシンプルだ――。鍵を握るキーワードとは？　天文学者が「宇宙のエンジン」を総点検。

978-4-334-04625-5

1219
射精道
今井伸

射精は一日にしてならず――思春期から中高年まで、知っておくべき正しい扱い方と心構え、練習の重要性とは。性機能と生殖医療の専門医が、各年代で現れやすい問題と対策を解説。

978-4-334-04626-2

1220
日本の高山植物
どうやって生きているの？
工藤岳

乾燥、強風、のちに豪雪――。過酷な環境に咲く可憐な高山植物には、したたかな生存戦略があった。この道三十年の植物学者が語り尽くす〝高嶺の花〟の秘密と魅力。

978-4-334-04627-9

1221
痛みが消えていく身体の使い「型」
伊藤和磨

日常動作の「型」を知り、実践し続けることで、慢性痛や不調が消えていく――「伝統＋科学」で正しい姿勢とフォームを身につける。すべての「型」やエクササイズを動画で解説。

978-4-334-04628-6

1222
「友だち」から自由になる
石田光規

「友だち」とはメッセージ性が強すぎる概念だ！　古代ギリシアの時代から「友だち」がいかに変質してきたかを示しつつ、それでもなお成立する友情について探る。現代人のための新しい友人論。

978-4-334-04629-3

1223

アメリカの教会

「キリスト教国家」の歴史と本質

橋爪大三郎

福音派って何？ 宗教右派って何？？ 数多《あまた》ある宗派、分裂、統合、栄枯盛衰……現代アメリカの「なぜ？」を理解するために、植民地時代から現在に至るまでを丁寧に辿り解きほぐす決定版。

978-4-334-04631-6

1224

死は存在しない

最先端量子科学が示す新たな仮説

田坂広志

死後、我々はどうなるのか。「肉親」と再会できるのか。なぜ、「最先端の科学の知見」と「最古の宗教の直観」が一致するのか。この本を読み終えたとき、あなたの人生が変わる。

978-4-334-04630-9

1225

日本のピアニスト

その軌跡と現在地

本間ひろむ

「ピアニスト」という言葉の響きが放つ魔力――。日本のピアニストたちが歩んできた軌跡を辿りながら、今日、私たちが目にしている「新しいピアニスト像」までを射程に入れて考察。

978-4-334-04632-3

1226

観光立国・日本

ポストコロナ時代の戦略

箱谷真司

外国人訪日客99％減――。インバウンド受け入れの本格再開後、どのように観光産業を再生するか。日本各地を巡りDXやSDGs、観光公害対策など、現場の挑戦と葛藤を追う。

978-4-334-04633-0

1227

新地方論

都市と地方の間で考える

小松理虔

「都市」と「地方」。二項対立ではない視点から改めて地方を10のテーマで考えたときに、見えてくるものとは何か。福島県いわき市を拠点に、多彩な活動を続ける著者の思考と実践の記録。

978-4-334-04634-7